PERIPÉCIAS DE UM PESQUISADOR "GRINGO" NO BRASIL NOS ANOS 1960

PERIPÉCIAS DE UM PESQUISADOR "GRINGO" NO BRASIL NOS ANOS 1960

Ou
À CATA DO CORDEL

Mark J. Curran

Order this book online at www.trafford.com
or email orders@trafford.com

Most Trafford titles are also available at major online book retailers.

Printed in the United States of America.

ISBN: 978-1-4669-6587-4 (sc)
ISBN: 978-1-4669-6586-7 (e)

Trafford rev. 10/31/2012

www.trafford.com

North America & international
toll-free: 1 888 232 4444 (USA & Canada)
phone: 250 383 6864 ♦ fax: 812 355 4082

Primeira na Série: Estórias que Contei aos Estudantes

Sumário

PREFÁCIO

Este livro "Peripécias de um Pesquisador 'Gringo' no Brasil nos Anos 60, Ou, À Cata do Cordel" é composto de notas de pesquisa e diários de viagem e reflexões sobre eles. Contará duas estórias:

1. A travessia intelectual no Brasil dos anos 1960, anos nos quais veremos o Brasil através a chamada "literatura de cordel" - seus poetas, seus editores, e, os intelectuais brasileiros que se interessam nela. Em fim, veremos a herança cultural desta poesia e gente, herança que acreditamos ser tão importante para uma visão especial do Brasil.

2. A travessia turística pelo Brasil vivida por um curioso nos anos vibrantes e um pouco assustadores dos 1960. É um Brasil hoje em dia em estado de mudança visto por um estrangeiro no Século XXI com saudades de épocas passadas. Vai também nesta mistura certa reflexão histórica e política da época.

A narrativa será parecida a um prato predileto meu no Brasil, prato simples e muito brasileiro - a canja de galinha - que me sosteve mais de uma vez em momentos de fome e de orçamento e estómago frágeis. Como o arroz e a galinha, vão misturadas as duas travessias, e, entre elas veremos o Brasil pelas anedotas acolhidas no dia a dia de mais de um ano de estágio de pesquisa, viagem, diversão e convivência. Prometo um Brasil colorido com muitas surpresas. Em fim, é uma crônica pessoal pela qual se descobre muito de um país e seu povo, um namoro pelo mesmo país e povo.

A estória será contada assim como acontecia - cronologicamente principalmente, mas, às vezes, impulsivamente, porque assim é a vida vivida.

Escrevo para os brasileiros que queiram perceber uma visão ainda mais de seu país, neste caso, uma visão que tinha que ser feita por alguém que não fosse brasileiro. Neste livro quero compartilhar o que **não** consegui compartilhar ao vivo com amigos e conhecidos brasileiros devido talvez à timidez ou à solidão. Mas, agora, nesses dias de aposentado de faculdade a recordar e meditar, é um presente que dou de todo coração. Assim é que o livro inteiro é uma carta de amor nunca declarada mas sempre sentida.

Pelo récord, o estágio deste volume foi de mais de um ano em 1966 e 1967 como bolsista da Fulbright no Brasil fazendo a pesquisa de campo para depois escrever a tese doutoral. Esta estada no seu país (e muitas outras não contadas neste volume) resultaram em mais de vinte-e-cinco estudos acadêmicos em revistas especializadas no Brasil e principalmente nos EUA. E deu em nove livros editados no Brasil, na Espanha e nos próprios Estados Unidos, desde pequenas monografias a volumes grossos, uns com bastante sucesso no mercado acadêmico. Uns dos livros viraram "raridades" pelo tamanho pequeno da tiragem, mas, todos deveriam ficar ou nas bibliotecas ou nas livrarias. Vou referir pouco aos livros, embora contenham muito da estória, mas, vou muito além deles para contar o nunca contado, porque é nas anedotas e nas reflexões que se vêem o namoro. E estas explicam o porquê de uma vida dedicada maiormente ao estudo e escrever sobre um país e povo tão únicos na face da terra.

Devo notar desde o começo que quando comecei a fazer os diários de viagem, logo em 1966, nunca escrevi pensando que num belo dia faria um livro baseado neles. Longe disso. E não raro; quase todo turista fará suas notas e tirará suas fotos. Mas, agora, vendo todas elas, acredito que alguém ou algo estava me guiando e preparando para este momento. Só posso esperar que o leitor daqui a pouco vá concordar.

Uma nota sobre o texto. Tentei corrigir o melhor possível o português meu, mas, também tomei a decisão de não pedir a revisão (obrigatória nos livros acadêmicos meus) por outros. Neste livro tão pessoal, achei melhor "deixar como é," com aquele sabor de gringo, mesmo um gringo preparado em Português. Dei certo?

Relação de Imagens

CAPÍTULO I.
O GRANDE ENCONTRO -
O RIO E O RECIFE

Levantando Vôo e a Chegada ao Rio

A primeira experiência com o Brasil, país que mais tarde se evoluiria em uma vocação e paixão como professor universitário, pesquisdor e escritor, começou de maneira simples, caraterizada por minha criação e juventude em uma pequena vila rural em Kansas. Ganhara uma bolsa Fulbright para fazer a pesquisa de campo no Brasil para logo defender tese na Saint Louis University em Missouri nos EUA, isso em 1966-1967; o tema seria a chamada "literatura de cordel" brasileira e seu relacionamento com a grande literatura sofisticada brasileira. Assim foi que em junho de 1966, rapaz novo de vinte e cinco anos, nascido e criado em uma vila de sete mil pessoas no centro do Estado de Kansas, USA, me encontrei a bordo da Pan Am, vôo para o Brasil, em específico para o Rio de Janeiro onde começaria uma verdadeira travessia na vida. A idéia foi voar de Kansas City, Missouri, fazer escala em Nova Iorque, e logo findar o vôo no Rio de Janeiro. Seria meu primeiro vôo comercial. Meus pais me levaram ao aeroporto em Kansas City onde a passagem aêrea devia me esperar; não estava. O pessoal da linha, a Pam Am, ligou para a Comissão Fulbright em Washington, D.C. e depois de uns minutos emitiram a passagem. Depois de uma despedida frântica e rápida aos pais, corri pelo aeroporto até a pista de decolagem onde o grande Boeing 707 já com os motores rodando, me esperava. Um tanto arfante, caí na poltrona, a aeromoça me fez apertar o cinturão, e, assim, meio fora de mim (talvez como o Inácio de "O Fígado Indiscreto" de Monteiro Lobato), comecei a aventura.

O começo dos anos 1960 era uma época ainda de grande esperança e otimismo para nós nos Estados Unidos. A Guerra de Viet Ná ainda não aumentara no lamaçal sangrento, cansativo e sem esperança do fim dos anos 1960 e começo dos 1970. Ainda era a época da "Nova Fronteira" de John F. Kennedy, dos Voluntários da Pátria, da grande Aliança para o Progresso para com os amigos da América Latina, isso, mesmo que sentíssemos todos a tristeza da morte de Kennedy em 1963. Assim foi que o vôo internacional desde Nova Yorque levava um novo grupo de Voluntários da Pátria a seus postos no Brasil, e, eu, o jovem doutorando, me encontrei com essa gente aos dois lados da poltrona. Era significante porque eu ia me encontrar muitíssimo com os voluntários em dias e meses futuros no Nordeste do Brasil, onde mataríamos saudades tomando um choppe ou uma caipirinha e falando da terra deixada para trás. Mas, aí acabararm as semelhanças; os nossos objetivos foram totalmente diferentes.

Praia de Copacabana ao Atardecer

Não há maneira que os três anos de estudo da língua portuguesa, nem os cursos de literatura brasileira ou estudos latinoamericanos pudessem me preparar para o choque de chegar em uma metrópoli como o Rio de Janeiro. Descobri logo que estudar do Brasil é uma coisa; estar e morar no Brasil é outra. Sabia bem os princípios da lingua "brasileira", mas o Rio me assombrou! Ainda hoje, lembro da corrida de táxi do Galeão na Ilha do Governador através a Zona Norte (choque terrível para o jovem norteamericano), pelo centro pela Avenida Rio Branco, ao longo das praias de Glória, Flamengo, e Botafogo até entrar na incrível Copacabana onde no final deste lugar único no planeta fiquei hospedado em um pequeno hotel. Passei o tempo todo no táxi falando meu português livresco de faculdade. Não existe no mundo uma sensação igual para o estudante de idiomas do que aquela primeira vez no país da língua estudada quando a gente realmente escuta e fala o idioma estudado e se dá conta que tudo não era ficção, não. O Português do Brasil realmente era verdadeiro!

Devo frisar que um entre muitos dos elementos de preparação para o pessoal de minha geração foi o filme "Órféu Negro" de Marcel Camus, com música de Vinicius de Morais e Luís Bonfá.

Quando vi no táxi que sim podia compreender bastante, se não tudo, do que falava o pessoal, e vi aquelas cenas vistas várias vezes no filme e sonhadas depois - realmente estavam em frente dos olhos meus - foi o fim da picada! Desde o pequeno hotel em Posto 6 pude ver os seis kilômetros de praia da Copacabana, em um crescente que fez lembrar imagens de lua de versos do espanhol García Lorca (também fiz espanhol na pós-graduação, de fato, foi o espanhol a língua primeira antes do "campo menor" do português). O Pão de Açúcar estava visível no fim longínqüo da praia, e o Corcovado ficava bem ao fondo no ar à esquerda. Se isso fosse o paraíso na terra, já tinha chegado a ele! O rapazinho do interior do Kansas nunca seria o mesmo. Através deste livro, sempre irei falando do pessoal da literatura de cordel e o mundo deles. Não foi menos o "ficar abismado" deste gringo ao ver a Copacabana do que o sentimento dos nordestinos "pau de arara" nas estórias do cordel ao chegarem eles no Rio a avistar o mesmo fenômeno.

Manuel Cavalcanti Proença – O Primeiro Orientador de Estudos

Usei um dos poucos contatos que me dera a professora de literatura brasileira nos Estados Unidos, a Doris Turner que acabara de defender tese sobre a obra de Jorge Amado depois de ser bolsista da Fulbright também no começos dos 60 no Brasil. Foi o professor, escritor e militar reformado da "Redentora de '64'" Manuel Cavalcanti Proença quem morava no bairro de Flamengo. Consegui falar com ele, usando o telefone por primeira vez no Brasil, não pouca coisa, e peguei ônibus da Copa para o Flamengo aquela mesma noite. Nas memórias que parecem sonho vago ou até névoa agora, me lembro de passar por um túnel e mais outro. Professor Proença me recebeu bem no apartamento em Flamengo, evidência de outra das primeiras lições aprendidas no Brasil – o valor da recomendação pessoal que se precisa para abrir muitas portas e a incrível boa vontade dos intelectuais brasileiros de aceitar um estranho, contanto que tivesse um interesse sincero em estudar no seu país. A hospitalidade dos intelectuais brasileiros até hoje em dia me parece uma das maravilhas de seu país, isso, e a hospitalidade que experimentava tantas vezes no Brasil por muita gente diferente, terra muito mais "aberta" que a minha.

Professor Manuel me recebeu na sua biblioteca. Fiquei meio atordoado a ver a enorme quantidade de livros desse senhor, outra "lição" do novato do meio intelectual brasileiro que ia ser repetida tantas vezes nos anos futuros. O interesse e amor pelo livro, e, isso, fora do meio universitário, e a existência do "bibliófilo" e seu acervo particular foram uma revelação.

A história do Professor Cavalcanti Proença em si vale a pena contar, e fará parte deste livro, isso, porque é parte importante do retrato do Brasil. Agora em 1966 Manuel Cavalcanti Proença era professor de literatura na Escola Superior de Guerra no Rio de Janeiro. O "Coronel" já era "simples" professor porque nessa altura estava "aposentado", ou melhor, "reformado" do exército brasileiro, isso porque não cabia bem na linha de pensamento da famosa "linha dura" que veio ao poder no 1 de abril de 1964 na famosa "Redentora" ou Revolução de 1964. Mas, Coronel Proença teve um ítem muito interessante no seu currículo militar - fez parte da famosa Coluna Prestes em 1924 como joven soldado, isso na campanha de perseguir e pegar o então "rebelde". Disse-me que foi essa experiência através do interior brasileiro que despertou nele o interesse na fauna e flora do Brasil e depois o converteu em professor originalmente na área da botânica. Só foi depois que virou grande leitor, pesquisador e crítico da literatura brasileira com estudos importantes sobre José de Alencar, Machado de Assis, José Lins do Rego, e, livros hoje em dia fundamentais para ver o "Macunaíma" de Mário de Andrade e "Grande Sertão:Veredas" do grande João Guimarães Rosa.

Pois, este senhor tão simpático naquele primeiro encontro concordou em ser meu "orientador de tese" no Brasil, em parte porque estava extremamente entusiasmado com a literatura popular em verso, ou seja, a chamada "literatura de cordel", e acreditava no seu valor e importância na herança cultural popular do país. Foi um dos brasileiros mais responsáveis pela coletânea e preservação dos romances e folhetos de cordel, isso no acervo da velha Casa de Rui Barbosa no Rio de Janeiro nos anos 1950 e 1960. Ele me mandou para o Nordeste, o berço e ainda "capital" do cordel em 1966. Disse: "Vá ao Nordeste. Vá a Campina Grande; veja as cantadoras cegas de verso na feira. Leia os livros clássicos. Pegue os folhetos. Volte àqui a seis meses e a gente começará o trabalho" (palavras irônicas que vou explicar depois). Com este conselho breve, saí da gigantesca metrópole de praias, túneis e arranha-céus para o Recife, então centro do cordel no Brasil.

De passagem, o outro contato no Rio foi um amigo, Henrique Kerti, carioca que conhecera na pequena faculdade Jesuíta de graduação em Kansas City, Missouri, em 1961. É importante isso porque foi com Henrique que ouvi português por primeira vez na vida. Na faculdade eu estava estudando administração de empresas e espanhol como segunda área. Um dia entrava eu na residência de estudantes e ouvi uma pessoa quase que gritando numa língua que se parecia ao som de duas caixas de madeira se chocando - foi o som guteral do Henrique falando por telefone para a casa no Rio. Aquele som me fascinou; sempre tivera curiosidade pelo português e o Brasil, e despertou um interesse imenso. Logo ficamos amigos, tomando choppe em um bar na vizinhança, eu falando inglês e espanhol, Henrique português e inglês. Foi aquele contato e amizade e o sonho meu um tanto idealizado de ir ao Brasil e aprender português que daria peso à decisão três anos mais tarde a seguir na pós-graduação estudos de Português e do Brasil. Pois, bem, ao chegar no Brasil em junho de 1966, naqueles primeiros dias no Rio, combinamos para eu ficar hospedado na casa dele em Flamengo, já em dezembro depois da volta do Nordeste, e passar o Natal com a família. A amizade cresceria através os anos, e o contato abriria ainda "outro Brasil" a mim - a realidade de classe alta e outra maneira de viver no Brasil.

Caminho ao Recife

Ponte em Cima do Rio Capibaribe, Recife

Levantei vôo de novo, destino o Recife, a "capital" do Nordeste afamado pela pobreza mas também pela herança cultural do Brasil colonial. No Recife, teria grandes guias e orientadores, principal entre eles o autor Ariano Suassuna quem me daria dicas imprescindíveis, e, anos depois, apoio para publicar os primeiros frutos da primeira pesquisa em um livro seminal mesmo modesto, no Brasil, <u>A Literatura de Cordel</u> (Recife: UFEPE, 1973). Houve outros orientadores, e grandes: Luís da Câmara Cascudo em Natal, Théo Brandão em Maceió, Mário Souto Maior, Evandro Rabelo e Renato Carneiro Campos, de novo no Recife, e gente depois na Bahia, no Rio e em São Paulo. Assistí até conferência do grande Gilberto Freyre, mas, aí, desgraçado de mim, adormeci (talvez pela ressaca da vida bohêmia da noite anterior). Mas, outros orientadores importantes seriam os próprios poetas e editores da literatura de cordel. Todos eles vão povoar este retrato.

Voamos, pois, no velho Electra, avião de quatro motores turbo-hélice da Varig. No vôo experimentei por primeira vez o incrível serviço a bordo da famosa Varig, incomparável na época (a Varig se orgulhecia pelo serviço superior estilo "européu" na época - louça fina, talheres de prata, copos de vidro cristal, com aperitivos, prato principal, sobremesa e depois um incrível "cafezinho" brasileiro.) Conheci naquele vôo um homem de negócios, um tal de Jaime Darcy de Fortaleza e o papo foi bom. Por incrível que pareça, eu ia me encontrar mais duas vezes com Jaime mais tarde no gigantesco Brasil, isso pela mais completa casualidade, uma vez no Recife e outra na praia de Copacabana, na praia em frente da Santa Clara. E dizem que o Brasil é grande! Jaime lamentou o passar do regime de Juscelino Kubitschek e dizia não gostar do novo regime militar, embora o presidente fosse conterrâneo, General Castelo Branco do Ceará. Este, o primeiro presidente militar do novo regime estava quase a acabar o prazo de governo, e pouco depois da minha chegada ao Recife, estouraria uma bomba de terrorismo no aêroporto dos Guararapes no Recife, bomba feita para matar o "candidato" militar General Costa e Silva. Mas, errou no alvo principal, matando gente inocente em vez de acertar no General.

Minha chegada no Recife, a chamada "Veneza do Brasil" devido ao fato de desembocar três grandes rios no mar desta cidade, realmente cidade, península e ilha, (aprendi a palavra "arrecife" que deu nome ao lugar) foi no alto inverno, época de grandes chuvas. A cidade sofria um terrível enchente, fenômeno que veria eu vezes repetidas em 1969 e 1970 e em outras voltas. Conheci logo o que eram chuvas terríveis tropicais e comprei um daqueles guardachuvas de camelô de rua para quebrar o galho. Os rios andavam cheios de lama, com árvores e até animais mortos empurrados pela corrente desde o agreste até o mar.

Fiquei hospedado a primeira noite no Hotel 4 de Outubro perto da Praça Joaquim Nabuco à beira do Rio Capibaribe e perto do Restaurante Leite que só descobriria depois ser lugar de um dos eventos mais funestos da história moderna do Nordeste - lugar do assassinato do Governador João Pessoa pelos Dantas em 1930, momento importante como catalista na Revolução de 30, momento a ser registrado na literatura de cordel da época.

A vida nas ruas e na praça era intensa, fator totalmente alheio à realidade de rua nos Estados Unidos, com toda sorte de camelôt - vendedores de milho cozido, chupete de cana, pipocas e laranjas (que no Recife se chupavam, outro costume contrário aos costumes gringos). A proximidade à Avenida Guararapes, os pontos de ônibus e o trânsito fizeram ainda mais movimentado o lugar. Outra curiosidade - logo descobri o gosto brasileiro, ou talvez nordestino, pelo "movimento". Seja festa de casa ou de rua, ou manifestação pública, por mais gente, melhor! É costume contrário à solidão e a busca da mesma na vida norteamericana. (Depois falarei do conceito de "independência" e talvez espaço pessoais, tão importantes a meu parecer a distinguir entre nossas duas culturas).

Liguei para o único contato que tive no Recife, o escritor Gastão de Holanda, amigo e colega de Ariano Suassuna na vida intelectual do Recife, "dica" mais uma vez da professora minha de Português nos Estados Unidos. Morando em um bairro calmo um pouco distante do centro, homem de família de sete crianças, Gastão era autor de contos e romances, e colecionador de artesananto nordestino. Foi na casa dele que conheci por primeira vez os bonecos de barro de Caruarú do Mestre Vitalino. Devido ao meu orçamento realmente modesto de estudante e o preço nada acolhedor do hotel, pedi dicas de moradia mais modesta. Outra diferença dos Estados Unidos - não havia residências de estudante ligadas às universidades, daí, os estudantes moravam em pensões modestas ou apartamentos (repúblicas) ou ainda com parentes na cidade. Azar meu foi que houvesse um grande torneio de vôlei nesses dias e as pensões e hotéis baratos que haviam, andavam lotados, mas, o amigo Gastão arranjou que mudasse eu para um ateliê de arte em Olinda.

O Ateliê em Olinda

Eu, que nem sabia o que fosse "ateliê", juntei meus trapos e fui para lá, originalmente com a idéia de conhecer, mas, acabando de ficar duas semanas. Olinda fica uns dez kilômetros do Centro do Recife, naquela época ligada por uma estrada pavimentada de só duas faixas. Foi a capital original da Capitania de Pernambuco no século XVI, e Pernambuco foi talvez a capitania de mais sucesso econômico na era, isso devido à indústria da cana de açúcar. A cidade estava dividida em duas partes, a velha Olinda, arquitetura colonial oficialmente tombada pelo estado, e a parte nova "moderna". Fiquei realmente encantado pela cidade de velhos sobrados, igrejas e os restos da época colonial, pelas ruas de paralelepídedos, a imensidade de flores e palmeiras e a vista do mar. Do ponto alto da cidade se avistava o mar verde-azul (exceto em época de chuva quando a beira do mar estava manchada de um marrom devido a lama dos rios que desembocavam no mar, lama das cheias do interior). O clima foi o tropicalismo personificado - muito sol, muita chuva, muita humidade, e o melhor, se tivesse a sorte de ficar em um morro ou perto da praia, uma brisa deliciosa do mar.

Na época dos 1960 muito da cidade velha se convertia em um bairro artístico, e assim foi que minha residência era "casa" e ateliê para vários jóvens pintores, uns dos quais que seriam conhecidos no Nordeste e até o Brasil inteiro anos depois. Lembro-me de gente como José Tavares, Adáo Pinheiro, Luciano Pinheiro e Tiago Amorim. A moda de pintura na época foi o que me parecia o casamento de um primitivismo de cores brilhantes com o avante-garde.

As memórias são nebulosas, mas, lembro que me sentia um pouco incômodo lá naquele meio. Ainda não me acostumava a esta nova terra. Muita gente dormia em redes (pensei antes que isso fosse "coisa de índio", mas, experimentei logo, dormindo pouco, com aquele "jeito de gringo", quer dizer, jeito nenhum). Mas, aprendi da bela arte do tecido nordestino, em especial, das redes vindas de Ceará, até a rede de casal. O pessoal fumava erva, costume que não tinha eu. Lembro também de um grande sobrado com um telhado baixo o qual se podia ver muito do céu cinzento (época de nuvens e muita chuva) pelos buracos no teto, e, logo, a água que pingava constantemente nas chuvas de julho.

E não adiantou nada a Banda Militar extremamente entusiadmada que treinava, tocando marchas na praça ao lado, parecia cada madrugada. Nem o batuque dos terreiros de Xangô que ouvia muitas noites; o som do **ta** ta ta,**ta** ta ta, **ta** ta ta que findou só às vezes até na alta madrugada, som que parecia mais exótico e aventureiro do que assustador a um gringo na terra dos rituais afro-brasileiros. Essa, então, foi a minha introdução à música brasileira nesta primeira estada no Brasil: a marcha militar e os cantos e o batuque de Xangô. Também se ouviam nas madrugadas ainda naqueles anos os gritos dos falados "pregões" do Pernambuco.

Isso e mais uma "instituição" musical no Brasil - o samba! Costume gostoso ainda praticado na época foi o pessoal se juntar na calçada em frente dos velhos sobrados ao atardecer, o dedilhar dos violões e o cantar de sambas do momento. Uma moda principal foi o de cantar sambas de Jair Rodrigues e músicas do jovem Roberto Carlos, futuro "rei" da música da época, a famosa iê-iê-iê dos primeiros "roqueiros" no Brasil. Mas, lembro das conversas, das músicas suaves, a brisa do mar, e o "brasileirismo" do momento. UM APARTE: foi naquela mesma rua que conheci um bolsista Americano da Fundação Ford, doutorando da Columbia University, Peter Eisenberg, que namorava uma moça da vizinhança, futura esposa, e que andava a todo cantinho em uma lambreta (se duvidar o leitor do pequeno detalhe da lambreta, leia a crônica inesquecível de Luís Fernando Veríssimo, "A Lambreta".) Peter, tempos depois, seria autor de bom livro sobre a colônia e a "zona de açúcar" do Nordeste. Seria um entre muitos de futuros "brasilianistas" do que resultava ser a nossa geração uma de "idade de ouro" do fenômeno no Brasil. Peter entrará mais tarde na estória quando vamos à noite de Xangô no terreiro do Pai Edu.

Mas, ó gente, o propósito era estudar, pesquisar o cordel, e isto para mim queria dizer consultar as obras consagradas dos estudiosos no assunto na Biblioteca da Faculdade de Direito em Recife, no então Instituto Joaquim Nabuco de Pesquisas Sociais (no "reino" de Gilberto Freyre em Casa Forte) e a Biblioteca do Estado no centro da cidade. Gastando de duas a três horas por dia só de viagem de ônibus entre Olinda e o Recife não tinha graça. Aí tomei a decisão de sair de Olinda, isso apesar das noites calmas e belas de violão de rua onde este gringo ouviu, apreciou, mas nunca conseguiu o "jeito" do ritmo de samba brasileiro (isso apesar de tocar, como amador nos Estados Unidos, violão clássico, música folclórica e uma imitação pobre do rock n' roll pioneiro de Bill Haley and the Comets e Elvis Presley). Pois, para cumprir com o objetivo acadêmico, teria de mudar de hospedagem e lugar. Em um romance naturalista brasileiro, "O Cortiço", um migrante ambicioso português chega no Brasil, e pouco a pouco o viver nos trópicos o converte em um tipo preguiçoso e indolente, perdendo aquele ímpeto trabalhador de migrante. Aqueles dias e noites tropicais de Olinda me pareciam talvez o primeiro passo no mesmo processo. Como dizemos em minha terra, "I began to lose my momentum!"

A Chácara das Rosas

Vendo isso, fiquei sabendo de uma pensão modesta no Recife, perto da Faculdade de Direito, cuja biblioteca possuía alguns dos livros clássicos sobre a literatura popular em verso e os cantadores do Nordeste. De nome meio eufemístico, a "Chácara das Rosas" seria a base minha nos próximos seis meses de leitura e pesquisa de campo no Nordeste. De fato, na Chácara havia poucas rosas, e o lugar, francamente, era de fato, modesto. O dono chegava para pegar a grana do aluguel, dirigindo um novo fusca que os empregados da pensão lavariam na ocasião. Mas, também veio para trocar histórias com uns dos moradores, principalmente boatos, mentiras e sonhos de safadeza local. Não resta dúvida, o tema por excelência naqueles meses foi o sexo e eu nao fiquei com os ouvidos fechados.

A Chácara era bastante conhecida na vizinhança e no Recife, um dos poucos lugares de residência para rapazes jovens do interior que vinham ao grande Recife para estudar ou começar a vida no comércio. O pessoal vinha de todo cantinho do interior de Pernambuco e muitos dos estados vizinhos, de Paraíba, Ceará, e até Piauí, e uns dos rapazes eram de famílias abastadas. Os novos amigos na Chácara xingavam a comida e condições de vida por um lado, mas, gostavam da liberdade e o fato que o aluguel baratíssimo lhes deixava grana para a farra e as mulheres.

O preço foi o equivalmente de $35 US por mês, com refeições! Basta dizer que o gringo pesquisador aproveitava para economizar dinheiro para um grande sonho - com o dinheiro economizado daqueles seis meses morando entre as rosas, comprei um violão belíssimo Di Giorgio na famosa "Guitarra de Prata" na Rua do Carioca no Rio de Janeiro, violão de jacarandá de alta qualidade que toco ainda hoje, tantos anos depois!

A chácara era de dois andares com uma varanda ao redor de três lados. Os quartos de dormir davam para a rua ou o "jardim". Dizia-se que o segundo andar era melhor, que muriçoca não chegava para lá. Meu quarto ficava no primeiro andar, quarto que eu dividia com "Matuto," rapaz simples do interior. Tinha duas camas de solteiro, dois armários grandes, e uma mesa e uma cadeira. A cama era um choque para o gringo - sem molas e só com um colchão fininho, dois lençóis muito curtos que nem davam para cubrir o corpo e a cabeça da nuvem de muriçocas na noite.

Havia mais ou menos 30 rapazes na pensão; nenhum deles falava inglês, pelo menos para comunicar-se bem. Uns sim tomavam aulas de principiantes nos ubícuos Institutos de Inglês da época no Brasil, como o Yazigi, e houve momentos muito divertidos quando eu dava "dicas" de vocabulário, etc. aos amigos, estes sempre com a curiosidade de saber palavrões e vocabulário sobre matéria de sexo. No Recife, sabendo mesmo um pouco de inglês na época abriu a porta a muitas oportunidades de emprego e um aumento quase automático de salário. Lembro que um de tais casos foi que um moço de serviço nos vôos da Varig (ainda de terceira classe, o DC- 3) mesmo sabendo um pouco de inglês, tinha a vantagem sobre outros empregados.

Mas, para mim, a situação foi excelente para aprender português. Claro que os colegas fizeram questão de me ensinar todos os palavrões do momento, até inventando uns novos, fato pouco relacionado com meus estudos, mas útil "sociologicamente". Os amigos nunca chegaram a entender porque um Americano (naturalmente rico e se preparando para uma vida de negócios ou alta tecnologia) viesse ao Brasil e ao Nordeste para estudar os "pobres" folhetos em verso da literatura de cordel. Cada vez que voltava eu do Mercado de São José ou de uma viagem de ônibus ao interior para "pegar" as feiras e comprar livrinhos de cordel e chegando com um maço enorme de folhetos novos, abanaram a cabeça. Falaram mais de uma vez que tudo talvez fosse uma "cobertura", que eu fosse agente da temida e misteriosa CIA. Não era tudo contado em ambiente de gracejo, pois, o clima político na época não era de brincadeira. Havia protestos e passeatas de estudantes nas ruas do Recife; em um momento o protesto virou coisa realmente assustadora com a polícia militar correndo atrás dos estudantes dando porradas e os estudantes buscando refúgio nas igrejas da cidade. Os militares estavam de caça a comunistas e "subversivos", e a noção também geral foi que os Estados Unidos estavam apoiando o regime com armas e equipamento nesta "limpeza" da área. Um dos boatos foi que os Voluntários da Pátria dos EUA estivessem no Brasil principalmente para distribuir a "píldora" anti-concepcional entre os favelados do Brasil, assim diminuindo o crecimento de "brasileiros" no planeta. Outro ainda muito ouvido foi que os Estados Unidos apoiassem um plano para inundar toda a floresta amazônica assim criando um novo "mar" dentro do Brasil pelo qual a marinha estadounidense pudesse entrar e "controlar" o Brasil.

Em compensação, eu, jovem idealista, fã e torcedor de John Fitzgerald Kennedy e logo o irmão Bobby Kennedy, decidi deixar a barba crescer (pela primeira vez na vida), mas, um mes depois, já tachado de "esquerdista" e fã de Fidel e os barbudos de Cuba e além disso sofrendo do coçar da barba no clima húmedo do Recife tropical, desisti da idéia, fiz a barba de novo, e voltei a ser o "gringo de cara lisa" de antes.

Mas, voltando a coletânea de romances e folhetos, ao fim de vários meses e já possuidor de um monte de folhetos e romances de cordel e fitas de gravação dos poetas nas feiras, os "chacaristas" mudaram de idéia, uns até me trazendo poemas trazidos de feiras e mercados de suas vilas e cidades no interior. E, uns deram-se conta que esses livrinhos modestos e os poetas e cantadores realmente tivessem valor como parte da herança cultural regional e até nacional. Ao sair do Recife em novembro de 1966, um dos presentes de despedida foi um "cordel" feito pelos malandros amigos que tinha rimas exuberantes que, de passagem, tinham quase todos aqueles palavrões que me ensinaram nesse primeiro estágio de pesquisa no Brasil.

Que dizer da comida e as refeições na bela Chácara? Tudo foi um choque para o gringo. Havia pouca comida (que mais se espera com o aluguel tão modesto?). O café da manhã consistia em um bom café com leite com pão e manteiga. O café sempre quentíssimo e com muito açúcar, e não o açúcar branco e fino das mesas nos Estados Unidos, mas, o produto verdadeiro do Nordeste, de cor marrom e ainda com o valor nutritivo não tirado para o produto de exportação (mas isso já é outra história). O gringo não entendia porque os amigos tirassem a massa do pão e só comiam o resto, o pão também superior ao pão de forma dos EUA. O almoço foi um pedacinho de carne assada com arroz branco, e bis no jantar. A sobremesa foi uma fatia de goiabada de lata e talvez um pedaço de queijo mineiro. O mais inesquecível, e admito não apreciado, foi o "sarapatel" de sábado, prato de tripas e arroz.

Devido a isso, eu e outros tivemos que suplementar a dieta no café da esquina de rua, verdadeira "instituição" da vizinhança - o Bar Acadêmico (outro eufemismo pernambucano). Foi aí que fui introduzido a um dos aspectos mais prazenteiros dos tempos no Brasil - a camaradagem do "pé sujo". Localizada na esquina em frente da Faculdade de Direito de Pernambuco, o bar suplementou nossa dieta - ovos fritos com pão e manteiga, banana, sanduíche de queijo ou presunto, mais café e coalhada para quem gostasse. Vi que o pessoal gostava da coalhada (servido em copo grande de água). Mas, com o creme sempre em cima e água em baixo; o pessoal botava <u>várias</u> colheres de açúcar e mexia bem antes de beber. O meu estômago frágil de gringo não agüentava mesmo.

Mas, ainda mais importante, fomos ao Bar Acadêmico para tomar cerveja, fumar cigarro ("Hollywood" era a marca mais visível) e principalmente bater papo. Memórias gostosas davam aquelas conversas sobre a mulherada, os estudos, e muita política, mas, sempre voltando às piadas sobre o sexo. (De passagem--uns colegas norteamericanos de pesquisa de uns anos depois fizeram um bom "Dictionary of Popular Portuguese" de muito êxito no mundo acadêmico norteamericano, e me contaram que quase tudo tivera sido feito de gravação de conversa de pé sujo!) A zombaria sobre "o agente da CIA" não faltava, e havia muita mentira, muita anedota da farra da noite anterior, sempre acabando com histórias de mulheres levadas "p'ra o mato". Talvez indicando o tempo e os cruzeiros gastos durante o estágio no Recife, foi a "festa" de despedida que me deram no Bar Acadêmico antes de prosseguir para Salvador da Bahia. Um "brindes" de despedida foi um daqueles copos mesmos de coalhada, esta vez quase cheio de conhaque, bebida forte e nunca usada por mim. Para não perder a imagem de farrista, (ó, o americano pode beber como a gente"?) consegui, aos poucos, vaziar o copo. Aí encheram-no de novo. Quase não me lembro da viagem ao aeroporto, mas, fosse piada ou homenagem final dos colegas ou não, saí feliz de Pernambuco.

E as condições higiênicas na Chácara foram outra área de adaptação da vida em Kansas nos Estados Unidos. Havia uma torneira no "jardim" (onde as poucas rosas cresciam) onde a gente escovava os dentes. O "banheiro" era de arrepiar! Uma pia, um espelho, uma torneira só com água fria para lavar-se e fazer a barba (água quente, para quê? Estamos nos trópicos!) O chuveiro foi um "tubo" do qual saía água fria, ou melhor, pingava água, mas, dando para quebrar o galho. Mas, o choque foi o vaso que nunca agüentava o uso diário de todos os rapazes. Levou tempo para o gringo entender que o papel higiênico (quando havia, a gente comprava o próprio, ou se faltava, as folhas finas da revista "Time") não devia ser jogado no vaso, mas na cesta ao lado. Basta dizer, o cheiro não era só de rosas na Chácara. Pensando bem, ainda hoje me maravilho do fato de não ficar doente, não estando acostumbrado àquele jeito de viver. Pois, passei o teste e cheguei a formação.

Quando com Americanos (e foi pouco), principalmente os Voluntários da Pátria vindos do interior para férias no Recife (e depois na Bahia), e ouvindo as estórias de shistomaiase, disenteria amébica e o tal na época, dei graças a Deus pela boa saúde que tive. Nunca vi ninguém na pensão lavar pratos com sabão ou água quente.

A Chácara estava totalmente aberta ao ar livre, Recife sendo na zona tropical do país. Tirar soneca durante as chuvas tropicais pela tarde era uma delícia. Durante o "inverno" pernambucano, a temporada de junho até talvez outubro, chovia a cântaros por horas seguidas, e, às vezes, o dia inteiro e à noite também. Podia-se "navegar", a pesar de tudo, com um bom guarda-chuva (que comprei logo depois da chegada numa barraca no Mercado Central).

A chuva e a humidade constantes me fazem lembrar de outra "lição" aprendida na Chácara. Trouxe ao Brasil um terno verde escuro naquele julho de 1966, caso houvesse necessidade de vestir um pouco melhor em não sei quê momento social. Coloquei-o logo no armário do quarto, e ficou esquecido durante os seis meses no Recife. Ao fazer as malas para Salvador em novembro, tirei o terno do lugar, e descobri que não se parecia com o que tinha colocado antes. Agora estava um cinzento claro, totalmente coberto da mofa. Consegui limpá-lo numa tinturaria, mas, mesmo assim, nunca o usei no resto do tempo no Brasil. Mas, deu também muito motivo de "mofa" pelos colegas no gringo. Aí também entendi porque as casas estão "caiadas" em Pernambuco e porque os prédios velhos no porto se viam "sujos", pretos de mofa, coisa que sempre julguei feia demais, tudo devido a uma falta de cuidado pelos pernambucanos. E aí também entendi o nome "Casa Caiada", uma parte da velha cidade de Olinda.

Escutando a Copa do Mundo na Chácara das Rosas

Minha estada na Chácara coincidiu com a Copa Mundial de Futbol em 1966. Parecia que todos os rapazes tinham rádio de pilha ao ouvido, sempre posto ao volume máximo, e logo aprendi algo do léxico de futbol pelos interlocutores, especialmente aquele "goooooooooool" quando o time acertou na área. Meu quarto ficava em um canto da pensão, andar têrreo, e aí fora, na varanda, todos os rapazes se juntavam não só com rádio de pilha, mas grandes rádios ao volume máximo. Querendo ou não, assistia os jogos.

Os nomes dos rapazes são uma lição em si: Negão, Orioswaldo, Marujo, Matuto, Peba, José Matuto, Pedro, Pinta Silva, Jairo, Mário, Antônio Marinheiro, Cearense, Víctor, Wilson e senhor Elias. Cada um uma estória.

Orioswaldo era um tipo simpático, estudando inglês em um dos institutos ubícuos particulares (e foi por meio dele que conheci a professora de inglês e fui apresentado à colônia "gringa" que morava em Boa Viagem). "Peba" foi um rapaz gordo do interior que ganhava a vida comprando e vendendo ceriais no Mercado de São José, analfabeto mas aprendendo a ler e escrever com a velha Carta ABC na Chácara. Lembro de seus cadernos de estudo, da letra rude do ABC, e o desejo de melhorar de vida pelo esforço gigantesco do autodidata. Rapaz ótimo. Cheio de alegria. No tempo de lazer, se dedicava a "derrubar" como dizia, ou "levar para o mato" as empregadas domésticas do bairro.

"Marujo" era ex-marinheiro. Sua conversa maior foi sobre as garotas que tinha conquistado ou as que queria derrubar. Mas, tinha treinamento de assistente de médico da marinha, inclusive havendo aprendido de dar injeção, e oferecia o serviço aos necessitados da pensão quando pegaram gripe e queriam injeção de vitamina B-12. O mesmo serviço se oferecia nas farmácias locais, comprando o frasquinho da vitamina no balcão e logo recebendo a injeção no quarto atrás por uma empregada do lugar. Quando peguei uma gripe feroz, e querendo me adaptar ao costume local, deixei-lhe me dar uma injeção de tal vitamina. Fez alguma coisa errada e o braço inchou como balão dando-me um susto terrível e medo de infecção. Mas, houve um "Happy Ending" - o braço melhorou e a gripe logo foi embora. Mas, nunca mais fiz isso no Brasil. O Marujo também era fonte de conselho aos rapazes da pensão que ficaram com doenças venéreas depois de visitas à zona da cidade. Avisava de tal e tal antibiótico a ser comprado na farmácia e logo administrou a injeção.

"Matuto" era estudante em um dos colégios locais, e ao que eu percebi, nunca fez mais nada. Pinta Silva era filho de um rico fazendeiro de Ceará onde a família tinha sede de uma firma de seguro. "Cearense" também não fazia nada demais, mas era campeão a contar piadas.

Mário, o "dono" do lugar, era mesmo o "manda-chuva". Veio para cobrar o aluguel de pensão e bater papo. Tinha um "fusca" novo que trazia para ser lavado pelos empregados da Chácara, aí, aprendi do jeito incrível da época da "loteria" para comprar carro: cada interessado pagava uma pequena quantidade cada mês, e se seu número saisse, receberia seu carro novo logo, isso sem a necessidade de juntar a quantidade formidável para a "entrada" normal. O sistema funcionou de maneira excelente, deixando a muita gente de renda modesta conseguir carro novo e daí pagar os préstamos para manter o carro.

Outro amigo foi Vítor, outro Cearense, rapaz que estudava em uma das faculdades da cidade. Aprendia também a ser piloto de avião e um belo dia me convidou a voar pelos ares do Recife. Pegamos transporte ao "aeroporto", uma faixa de terra batida perto de Boa Viagem, e decolamos em um aviãozinho de dois lugares, um "Paulista" que me parecia ter o motor do mesmo tamanho do "fusca" já falado. O aviãozinho me parecia uma variante do famoso "Pavão Misterioso", poema dos melhores da literatura de cordel.

Recife desde o Ar

Pois é. Decolamos e voamos pelos céus de Recife e Olinda, depois pela praia de Boa Viagem e outras ao sul, o ar me batendo na cara, eu tirando "slides" para depois mostrar nas aulas de português no Arizona. Vítor mandou o aviãozinho descer como pássaro perto das ondas para me mostrar melhor os barcos chegando para o porto. Só depois de aterrizarmos foi que Vítor me contou que eu tinha tido o prazer de ser seu primeiro passageiro, que só fez o vôo de solo a semana anterior. Notei, de passagem, que não havia nada de para-quedas nem salva-vidas a bordo do aviãozinho. O vôo saiu bem, os slides maravilhosos, e a estória virou anedota de sala de aula de português nos anos vindouros. Outra aventura do gringo pesquisador.

Outro aspecto da vida brasileira ficou evidente na Chácara. A estória do senhor idoso, senhor Elias, foi badalada entre os rapazes. Tinha uma enfermidade um tanto misteriosa, sempre tomando muito remédio. (Fiquei sabendo que muita gente tomava remédio para o fígado, éste sendo o órgão mais misterioso, menos entendido e daí, mais culpável de muito sintoma.) Os médicos no Sul lhe contavam que a tal doença não tinha cura; daí, ele foi ter com o curador espírita mais famoso do Brasil - o Arigó de Minas Gerais. Foi sarado, pelo menos até certo ponto. Tempos depois nos estudos no Brasil, aprenderia eu muito mais do espiritismo brasileiro e as fabulosas estórias de curar doenças.

E, havia Wilson (fiquei sabendo que muitos brasileiros tinham nome de presidentes famosos dos Estados Unido - Washington, Lincoln, etc.), rapaz super inteligente do interior que estudava engenharia em uma faculdade no Recife. Um papo específico vem à tona. Discutíamos os méritos da música clássica e popular. Mantive (talvez errado) que não era possível nem comparar o mérito da música rouca do iê-iê-iê do momento com a de J.S. Bach. O amigo Wilson admitiu não conhecer isso de Bach, e, eu lhe perguntei como era possível um estudante de universidade não conhecer o Bach! Ele, silente um momento, redargüiu, "E, você, gringo safado, sabe quem é Chico Heráclio?" Agora era minha vez de não falar. Aí ele me explicou que Chico Heráclio era o ainda vivo "coronel" mais famoso do Nordeste, que todos o conheciam, pelo menos de nome, e intimou que eu era um educado bobo por não saber do mesmo. Empate. Os dois aproveitamos a conversa. Mas, foi aí que também comecei a ser "educado" em mais um aspecto do Nordeste do Brasil, e depois me dedicaria muito a ele, o estudo do coronelismo por livros clássicos e a própria literatura de cordel.

E para acabar, houve um fenômeno nas conversas na Chácara que voltaria a se apresentar muitas vezes nessa primeira estada no Brasil, fenômeno que dá muito para entender o país naqueles anos. Representava uma "mentalidade" dos anos 1960 de um incrível nacionalismo que se pode resumir assim: a língua portuguesa é a mais rica, a mais complexa, a mais difícil e variada do mundo inteiro! Tem o léxico maior, e o inglês, em comparação, não é nada. O Brasil é a terra do futuro, incrivelmente rico de recursos, e um dia, será mais poderoso do que os Estados Unidos da América. Ruy Barbosa (o maior estadista do Brasil no fim do século XIX, instrumental na fundação da Liga das Nações, entidade a se evoluir às Nações Unidas) era verdadeiro poliglota, o intelectual maior do planeta e seu maior linguista. "Dava lições de Inglés até à Rainha da Inglaterra." A mulher brasileira é a mais linda do mundo. Caso encerrado!

Este espírito de ultra-nacionalismo seria evidente através a estada inteira no Brasil. Não era raro encontrar-se com pessoas diversas que mantinham estas idéias, e formavam uma atitude que realmente expressava desejos e sonhos do Brasileiro a ser reconhecido no Primeiro Mundo. Logo veria que uma parte da mesma mentalidade estaria presente na literatura de cordel, em fim, uma defesa do Brasil e da brasileiridade.

Pois, sempre brincando, ou quase brincando, os rapazes da Chácara me acusaram de ser agente da CIA, e, acharam minha "cobertura" fraca. Quem neste diabo mundo viria ao Brasil estudar o folclore, nem falar dos livros modestos da literatura de cordel? Eu tinha que ser espião! Houve uma música de muito sucesso no momento, cantado por todos os estudantes, com um título algo assim: "Subdesenvolvidos". Mofava da diferença entre primeiro e terceiro mundo, éste dos países não desenvolvidos, mas, um mundo totalmente controlado por EUA e seu capitalismo. A letra foi algo assim: "Somos subdesenvolvidos, subdesenvolvidos. Escovamos os dentes com "Colgate"; fazemos a barba com "Gilete"; tomamos "Coca-Cola"; fumamos

"Marlboro"; Estamos subdesenvolvidos". Era ambiente de muita piada e muita gargalhada, mas, entre as linhas, havia algo de amargura pelo estado no qual se achava o Brasil, "terra do futuro, sempre foi, sempre será".

Juntar a isso o ambiente politico de caça de subversivos e comunistas, a matança de padres da Igreja Católica "Progressista" – o pessoal da Teologia da Libertação – e se vê que era extremamente interessante.

Saudades de Casa e a Casa dos Correios no Recife

Pois, o fato é que, às vezes, a gente sentia grandes saudades de casa. Embora não fosse a primeira vez fora da vila de Abilene e dos EUA (passei três meses de estudo na Cidade do México, na Universidade Autónoma, em "escola de verão" para gringos aprenderem espanhol, isso com vinte antos em 1962), tentei manter contato com os de casa, coisa que fiz mantendo correspondência semanal com a família em Abilene. Daí, uma "caminhata" de cada sete dias foi sair da Chácara, atravessar pontes até o Centro da Cidade e mais uma vez ao porto e o escritório da USIS ("United States Information Service") onde recebia a correspondência. Na volta, parei em um desses cafés abertos ao ar livre na Avenida Guararapes, comprei uma garrafa gelada da Brahma, fumei um cigarro e li as cartas de casa. Também comprei (e foi um luxo!) um exemplar da revista "Time" em inglês para matar saudades. Mas, o fato foi que andei quase exclusivamente com brasileiros a falar só português, com excepção de um bom amigo, Daniel Santo Pietro, colega de bolsa Fulbright, estudando administração e política no Brasil, área um tanto diferente da minha, a dizer o menos, do folclore, a literatura brasileira e o cordel!

Claro, aí tinha que mandar a correspondência de volta aos EUA. Talvez uma diferença na época entre o nordestino e um norteamericano foi o ato simples de levar uma carta aos correios e ter fé de que em um belo dia chegaria a seu destino. Pois, o "ato simples", para o gringo ingênuo, virou uma verdadeira aventura. Refiro-me ao ritual de ir à oficina geral de correios no Recife, na Avenida Guararapes, e entrar naquele pedaço de mundo tão distinto dos EUA. Primeiro, o mundo fora do prédio, nas escadas, era como um "bazaar turco" – toda maneira de gente vendendo bugigangas, frutas, cafézinho, água mineral, isso além do comércio de envelope, papel de escrever, e caneta BIC (faz lembrar a estória hilariante de Luís Fernando Veríssimo quando o paupérrimo detetive Ed Morte teve que vender sua coleção de BIC para comprar jornal!) Pois bem, notei que, diferente dos EUA, muita gente escrevia a carta aí mesmo nos correios; daí entendi o comércio de fora nas escadas do prédio. Mas, talvez explique o problema mais irritante de 35 anos de professor de faculdade – o de sempre esperar a correspondência dos amigos e editoras do Brasil (o computador e o internet seriam milagres mais tarde na minha vida profissional).

Eu, como bom estrangeiro, cheguei com a carta já escrita, o envelope já endereçado; só faltava o selo. Aí começou a aventura; o esperar em fila junto com dezenas de outros para comprar o artigo. Parecia que todos na fila se conheciam, o bate-papo era um costume e o pessoal nada ou pouco perturbado pela espera. Eu, não. E parecia que o pessoal do correio todo era de mal humor, carrancudo; daí, tentei falar usando a máxima cortesia, "Bom dia senhora, espero que tudo vá bem, a família boa, etc.". A primeira surpresa foi saber que os selos não tivessem cola como no meu país, com nosso costume tão civilizado (ou pelo menos me parecia) de lamber o envelope, fechar, pegar o selo, lamber e pegar no envelope. Zaz! Terminado. Mas, no Brasil, os envelopes tampouco tinham cola. Aí descobri aquela mesa grande no centro da sala com pequenos potes de cola e pequenas cepilhas neles, todas tão pegajosas como chão de cinema barato. Agora, não sou muito bom de trabalhar com as mãos, daí, não só o envelope ficou totalmente um desastre, com cola em todas partes depois de tentar botar o maldito selo, mas, também as mãos, os braços, e as mangas de camisa, se usasse de manga larga aquele dia.

Pois, o jeito foi adaptar ou morrer (de falta de correspondência). Mas, daí descobri outra coisa interessante - duas filas largas em frente de dois guichês com um homenzinho atrás mandando em tudo (lembro de outra estória do grande Veríssimo que fala do cabineiro de elevador no Rio que manda que nem coronel nordestino no seu mundinho!) Havia uma fila para carta regular, outra para correio aêreo, e até outra fila para "carta registrada". Os recifenses que eu conhecia não tinham confiança nenhuma em carta regular para chegar, daí era imprescindível a registração. Mas, teve que passar na fila "regular" primeiro, logo, na outra. Depois de esperar e cumprir como bom cidadão, notei uma coisa estranha: os empregados nos diferentes guichês, depois de fazer o serviço jogaram todas as cartas juntas em um monte no chão detrás dos guichês. Interessante, não é?

Em outra ocasião contarei um dos incidentes mais belos cerca dos correios – o pega-pega que acontecia quando o caminhão do "rapa" chegava para acabar com o comércio illegal de todos os camelôs "traficando" na área.

Intervalo: Os Botões

Emquanto no Recife e na primeira estada no Nordeste, havia um costume também estranho ao gringo ingênuo – acho que tem a ver com o conceito diferente de "espaço" físico que encontrei no Brasil. Era mais ou menos assim: quando um Nordestino amigo falava com a gente, sempre se cercava, às vezes pondo a mão no hombro, tocando o braço (e não falamos nem de longe de qualquer conotação de "gay"). Nos EUA, como se sabe, a distância é maior, e, o pessoal fica mais distante, raramente tocando no outro. Pode ser, ainda, e simplesmente, reflexão dos costumes diferentes de saudar ao outro - o abraço entre amigos já conhecidos, aquele costume tão comentado dos beijos na face entre mulher e mulher, e homem e mulher já amigos. Mas, lembro várias vezes de amigos nordestinos que tocavam no colarinho da camisa emquanto falassem com outros. Deu susto ao Americano, pensando em outros motivos. Mas, o cúmulo foi a estória narrada a mim por um amigo norteamericano, Voluntário da Pátria, que jura que aconteceu o seguinte em uma vila do interior no começo dos anos 1960: emquanto conversava com um bom amigo, este durante a conversa, desabotoou quase que completamente os botões da camisa do Americano, e, ainda mais, botoou de novo na mesma conversa! Opa, gente! O mesmo não aconteceu comigo, mas isso de tocar no colarinho, meio distraído, sim aconteceu. Os brasileiros que lêem isto terão de me dizer se estava sonhando ou o quê! Perguntei a outros Americanos se o mesmo tivesse acontecido, e quase tudos, tinham algo parecido a contar. "Só no Brasil", diziam. Costumes da terra, pois.

A Faculdade de Direito de Pernambuco

A Faculdade de Direito de Pernambuco

Ariano Suassuna e sua Arte

   Minha primeira visita à famosa Faculdade de Direito de Pernambuco foi memorável. A Faculdade é bem conhecida na história intelectual do Nordeste e do Brasil. Filósofos do século XIX como Tobias Barreto, e líderes no movimento abolicionista, eram parte da tradição da escola. Para mim, a Faculdade foi importante porque Ariano Suassuna junto com uns colegas escritores assistiram à mesma nos anos 1940; o próprio Suassuna seria tema de um dos capítulos da minha tese de doutoramento. Ele era instrumental, junto com Hermilo Borba Filho, Gastão de Holanda e outros, a formarem o "Teatro do Estudante de Pernambuco" no Recife dos anos 1940, a primeira tentativa de usar a cultura folclórica-popular nordestina para escrever dramas ou teatro para o público geral. Em particular, as peças de Ariano Suassuna utilizariam a chamada literatura de cordel, especialmente o <u>Auto da Compadecida</u>. E, além dessa ligação com Suassuna, uns dos livros básicos para estudar a literatura de cordel se achavam na biblioteca da Faculdade.

No tive nenhuma dificuldade em conseguir uma carteira para tirar tais livros, mas, tive que fazer a leitura na biblioteca mesma. Assim foi que achei dois ou três títulos que queria, tirei-os e me dirigi para o salão de leitura, isso em julho de 1966. O salão estava cheio de gente, principalmente estudantes de faculdade, mas, também muitos colegiais. O barulho para alguém acostumado ao silêncio nas bibliotecas universitárias nos EUA era medonho. O teto do salão era muito alto, com lâmpadas pequenas de luz fraca extendidas em cordões dele; daí ajudava se sentar perto de uma das grandes janelas abertas para aproveitar da luz natural de fora. Estando nos trópicos, todas as grandes janelas e portas estavam abertas ao ar livre, bom para a luz, e ruim pelo barulho. Além do barulho normal de rua, havia o dos rádios com os jogos de futebol. Fui me acostumando a isso e aí houve outra surpresa grande: ouvi um grito medonho – "Ó amendoim! Amendoim aqui! Quem quer comprar?" Acontece que os vendedores de rua entraram e estavam "apregoando" seus produtos aí mesmo nessa biblioteca famosa. Não resisti. Simplesmente parei de ler e observei a cena. O interessante é que eventualmente a gente se acostume a isso, e acaba gostando; é muito mais interessante e vibrante do que o ambiente sonolento das bibliotecas nos EUA. Acabei gostando do "movimento", mesmo conseguindo fazer menos trabalho.

Mais tarde, em outras bibliotecas ou centros de pesquisa como o Instituto Joaquim Nabuco de Pesquisas Sociais no Recife ou a Casa de Rui Barbosa no Rio, também me adaptei facilmente a outro ótimo costume brasileiro – o cafezinho servido a pesquisadores nas suas mesas de leitura. Parecia que cada hora que passava uma empregada de uniforme passaria com uma bandeja com um "thermos" cheio do quentíssimo, pretíssimo e açucaradíssmo café brasileiro. Sem dúvida, a chícara de líquido preto deu um "rush" rápido e gostoso de energia. Nesses anos havia "outdoors" através do Brasil com esta mensagem: "Café o estimulante de 10 centavos". Foi o jeito do governo (e do comércio) de estimular a economia nacional com seus produtos importantes de café e açúcar. Faz-me lembrar de um amigo no Rio que sofreu um enfarte e me disse depois que estava tomando na base de uns vinte cafezinhos por dia antes do ataque! Acho que às vezes eu cheguei a tomar uns seis por dia durante este meu primeiro estágio no Brasil e ainda aprecio o belo costume.

Pois bem, esses tempos de leitura na famosa biblioteca também foram bons momentos de socializar, bater papo, paquerar com as belas pernambucanas que também apreciam os olhos azuis do gringo pesquisador. Ah, quem me dera ser jovem solteiro mais uma vez no Brasil!

Festas de Juventude e da "Jovem Guarda"

Fui a muitas festas nesses meses em Pernambuco. É difícil subestimar a tremenda influência que o jovem Roberto Carlos teve nos "brotos" e até os estudantes de faculdade da época. Sempre se dançava nas festas à nova música – a iê-iê-iê (do "yeah, yeah, yeah" dos Beatles) que era basicamente, pelo menos no começo, uma adaptação brasileira do rock da Inglaterra e dos Estados Unidos, principalmente dos mesmos Beatles. Roberto Carlos, Erasmo Carlos e outros eram os líderes. Não sendo teórico de música, nem autoridade, só posso dizer que, ao meu parecer, os ritmos do estrangeiro nao foram adaptados totalmente bem ao Brasil. Quer dizer, perderam muito na "tradução" (o mesmo pode ser dito respeito à versão norteamericana do samba ou bossa nova da mesma época). O dançar do "rock" também era uma versao adaptada dos EUA, mas com um "jeito" brasileiro, um tal de "rock abrasileirizado". Também na época mudava o costume da roupa e o cabelo: cabelo "cabeludo" para os rapazes, imitando os Beatles e Roberto Carlos, a calça bem apertada tanto para rapazes e garotas. Muito antes de chegar o costume para os EUA, as garotas brasileiras nos anos 1960 usavam "blue jeans" apertadíssimos e sapato de salto alto, uma "onda" da época. Porque os "blue jeans" importados dos EUA estavam tão caros, e de fato artigo de contrabando, imitações brasileiras serviam ao momento.

UM APARTE. Toda uma questão outra foi o assunto do contrabando no Brasil na época. Artigos como "Jeans Levi", ou seja, "blue jeans", cigarros Marlboro, máquina de fazer a barba "Gilete", uisque Escocês, e outras coisas eram comuns. Mas, o grande artigo de luxo nesse mundo escuro do contrabando foi o novo carro Mustang dos EUA. O carro, se importado legalmente, levava um imposto louco de tarifa de importação do governo, assim quase que acabando com o prazer de te-lo. Contava-se a seguinte anedota (verdadeira ou não não posso dizer) sobre a malandragem dos contrabandistas da época. Estes traziam os carros Mustangues a um ponto na costa norte do país; aí tiravam peças imprescindíveis à operação do carro – digamos, o carborador. Deixavam que os oficiais da alfândega encontrassem os carros. O governo aí fazia leilão do carro porque não dava para arrancar e usar. Os mesmos ladrões vinham ao leilão, compravam o carro inútil, metiam as peças antes tiradas e vendiam por um lucro enorme no Brasil. Não sei se isto representa todos os fatos corretos, mas, assim foi contada à gente. O que sei, sim, é que rodavam muitos Mustangues no Brasil naqueles anos! Essas anedotas dos expertos contrabandistas eram muito badaladas na época.

Outro "costume" divertido para o Norteamericano era o uso brasileiro da camiseta com letra de ingles, qualquer letra, mesmo se não tivesse significado!

O pessoal bebia álcool nas festas, mas os tabus latinos estavam bem presentes: não se tolerava a bebedeira, pelo menos visível, e estar bêbado era equivalente a ser "cachaceiro sujo." Tomava-se rom e coca-cola, batida de limão ou "choppe".

Ainda nesses anos no Nordeste, o costume do acompanhante ["chaperone"] se usava (o autor desse livro serviu de "acompanhante" ainda em 1969 para um amigo pernambuco e sua namorada, ele com uns 25 anos e ela com 22!). Muita gente saía em grupo em vez de namorar sozinhos. Este costume era mais bonito para mim na serenata de praia. Era interessante notar que as meninas colegiais e até de faculdade ainda não usassem biquini ou o atrevido "fio dental" na praia; o maiô mais conservador ainda estava em uso. Um dos meus "interesses" principais foi ver a evolução desse costume através os anos, especialmente nas praias do Rio de Janeiro!

O Mercado São José – Ponto Central de Pesquisa de Campo no Recife

O Poeta Bento da Silva no Mercado São José, Recife

Meu "ponto" de trabalho de pesquisa de campo no Recife foi o famoso Mercado São José. Freqüentava o Mercado, pelo menos, duas vezes por semana naqueles meses de inverno de 1966 com a finalidade de comprar romances e folhetos de literatura de cordel, de ver, entrevistar e fotografar poetas e vendedores do cordel, e de assistir a "performance" do vendedor a cantar ou declamar seus versos a um público ávido. Localizado no velho bairro de São José, o Mercado era parte integral do centro do Recife no meio dos anos 1960, um pouco afastado do novo centro comercial e a avenida principal dos Guararapes. O mais eficiente era caminhar mesmo ao bairro, primeiro pelas ruas anchas e logo por ruas estreitíssimas, muitas terminando em becos sem saída, que pareciam um laberinto grego, isso até chegar ao Mercado mesmo. O pequeno comércio começava bem antes da grande praça de São José, com barracas e tendas povilhadas por camelôs de rua, vendendo um semfim de artigos baratos a um público humilde.

O Mercado São José era diário, de Segunda a Sexta, lotado de gente em qualquer um desses dias. (Ver o excelente livro de Liedo Maranhão, "O Mercado, sua Praça e a Cultura Popular do Nordeste" que não poupa palavras a descrever o decente e o indecente do fenômeno.) Lembro-me de quarteirões de tendas, éssas antes do próprio mercado, vendendo roupa barata, panelas de cozinha, ferramentas, toda sorte de artigos. Os fregueses eram maiormente de classe humilde. Entendo que as famílias de classe média ou ainda alta mandavam as empregadas ao Mercado a comprar as necessidades. De toda maneira, era já uma verdadeira "travessia" só chegar ao Mercado próprio, pior nos dias de chuva pesada de inverno, sendo um desafio passar outros transseuntes nas calçadas pequeníssimas ou inexistentes, todos com guarda-chuva no ar. Nunca vestia roupa melhor ou fina nem sapato bom porque era uma coisa certa ser salpicado de lama ou água suja pelos caminhões que passavam fretando coisas para o Mercado.

Lembro de sentir-me sempre fora de lugar, como peixe fora d'água, apesar da quantidade de vezes que ia ao Mercado, isso porque era realmente "gato branco em campo de preto." A maior parte do povão era gente negra ou mulata e de vestimenta pobre; daí o gringo de olhos azuis se reparava de longe. Levava pouco dinheiro, o suficiente para comprar os folhetos novos, e tomar um refrigerante, mas, em todos aqueles meses de pesquisa (e visitas através os anos) nunca sofri de assalto ou ameaça do mesmo. Mas, foi impressionante para o gringo quando houve furto de assaltante e logo o grit "pega ladrão" pelo público em geral e o corre-corre depois na tentativa de pegar o criminoso. A Polícia Militar aí chegou rápido à cena.

O Mercado era gigantesco; houve o grande pavilhão no qual raramente entrava eu (o cordel estava ao ar livre na praça afora), mas tinha de tudo aí dentro – carnes, legumes, barracas de artesanias para os turistas, etc. Estas sim cheguei a conhecer bem, principalmente para ver e comprar os famosos "bonecos de barro" vindos de Caruaru (de fama naqueles dias do já consagrado artista Vitalino ou sua família). Comprei uma jangada de cedro e duas lindas gravuras de jacarandá do cangaceiro Lampião e sua consorte Maria Bonita, artigos virando raridade pela qualidade através os anos.

O meu interesse foi o que houve **fora** do pavilhão na pequena praça de São José em frente da igreja. Vale notar que ao lado da praça havia lojas de pequeno comércio, cafés pequenos, e, um cinema popular (importante para o cordel na praça). De noite, muito da área virava zona de meretrício (segundo me falaram); daí naquelas horas não me arrisquei andar por aí. Um dos filhos do poeta e editor cordeliano talvez mais importante do Recife, João Martins de Atayde, morava perto da praça e assisti festa na casa dele. O jovem Marcus, empregado no Museu de Açúcar do Instituto Joaquim Nabuco de Pesquisas Sociais, virou amigo e vai entrar na história esta daqui a pouco.

Mais uma vez, o livro do mestre Liedo Maranhão conta da incrível vida popular do Mercado, dia e noite. Minhas memórias já estão um tanto vagas, mas posso recontar algo do que conhecia naqueles anos. Como folclorista amador, é importante frisar o importante que era a vida popular encontrada na feira semanal ou Mercado urbano no Brasil a meiados do século XX; no cordel Rodolfo Coelho Cavalcante tem um relato em verso do fenômeno em Salvador da Bahia, versos que falam do famoso Mercado Modelo na Praça Cayru, coisa que hoje está muito desatualizada da sua "época de ouro". Havia grandes grupos de gente escutando a "performance" dos trios nordestinos que tocavam baião e maxixe na sanfona, triângulo e tambores, vestidos de chapéu de couro (estilo feito famoso por Luís Gonzaga e colegas no cenário músico nacional pelo rádio, TV e gravações na época). O inevitável "homem de remédios" pregoava seus milagres de cura, e o "homem de cobra" ou o "comedor de fogo" também divertiam ao público. E havia dezenas de limpa-botas. E não faltavam os "lambe-lambes," fotógrafos para os frequentadores do mercado. Havia muitas árvores através a praça, e sua sombra abrigou esse mundo de gente baixo naquele inferno de sol tropical do Recife.

Mas, o principal para mim foram os vendedores de poesia de cordel, poetas e vendedores volantes, que cantavam ou declamavam seus versos e pilheriavam com seu público ávido. Entre outros, houve José Francisco de Campos, Bento da Silva, e depois o grande João José da Silva (que aparecia raramente devido a problemas com os fiscais), mas, quem me concedeu boa entrevista, ele sendo o maior poeta-editor do Recife depois de João Martins de Atayde. O mestre José Soares, "o repórter do cordel" e José Costa Leite de Condado também apareciam de vez em quando. Os poetas que vinham a vender na praça chegavam pela manhã, uns do Recife mesmo ou seus subúrbios e uns do interior do Pernambuco ou o Estado vizinho de Paraíba, colocando os romances e folhetos em cima de malas de cartão como cartas de baralho, ou às vezes, em cima de um "lenço" de plástico, posto no chão. Quando tinha chegado um público maior, indicando vendas possíveis, o poeta ou vendedor anunciava que ia "cantar" tal e tal folheto ou romance (este menos, ou em parcelas devido ao tamanho da estória). Acho que o número máximo de poetas ou vendedores que via de vez eram três ou quatro, mas quase sempre havia pelo menos um a fazer seu ofício. Documentei tudo com a pequena máquina fotográfica, fotos já raras, muitas vistas nos meus livros <u>A Literatura de Cordel</u>, <u>História do Brasil em Cordel</u>, e o mais recente, <u>Retrato do Brasil em Cordel</u>. E, é de notar, que esta época do que falo, por boa que fosse para o cordel, não foi época áurea do mesmo; os anos 20 a 50, que não tive o prazer de conhecer, deviam ser uma "coisa", já que era a "época de ouro" dos "arrecifes" do editor João Martins de Atayde e colegas.

Outra razão ainda nos anos 1960 pela grande atividade foi a presença da barraca de cordel do Edson Pinto, um dos ícones dos vendedores de barraca do cordel no Brasil. Foi imprescindível para o poeta do interior vir à barraca do Seu Edson, trazer as novidades da semana ou mês, certo de ter uma via de espalhar seus livros de verso. Foi nesta barraca que seu servidor começou e aumentou sua própria coleção de cordel, hoje em dia de qualidade e tamanho bem altos.

O Instituto Joaquim Nabuco de Pesquisas Sociais

Outro lugar importante para a leitura de fondo para a tese foi o então Instituto Joaquim Nabuco de Pesquisas Sociais no bairro longínqüo (de então) de Casa Forte. Nos anos 1970 o Instituto foi elevado ao nível de "Fundação", título com vantagens que leva hoje em dia. Importante por várias razões, era a entidade principal de pesquisas sociais no Nordeste do Brasil. A força atrás de tudo foi o fundador, sociólogo e escritor Gilberto Freyre, homem da velha aristocracia açucareira da região. Usou seu dinheiro e prestígio a fundar o instituto em um terreno que era antes uma velha fazenda de cana de açúcar, e mantinha a residência em ainda outra, o Apipucos. O prédio principal do Instituto de fato era um velho e lindo sobrado que servia de "casa grande", de arquitetura colonial nordestina que me impressionou pelo chão de lindas madeiras tropicais, a grande escada de madeira no meio do salão, e a façada inteira de azulejos portugueses. Freyre ficou mais conhecido no Brasil, depois de tirar o mestrado na "Columba University" em Estados Unidos, por seu tratado sociológico e histórico da sociedade nordestina em época colonial, <u>Casa Grande e Senzala</u>, isso embora tivesse muitos outros títulos importantes. Naqueles anos, embora não o chefe titular do IJNPS, Freyre o dominou sendo o "poder" atrás do poder, tendo de ser consultado para as decisões principais. Até a palavra final para artigos a serem aceitos no Boletim do Instituto teve que vir dele.

Nos anos 1960 o Instituto ia bem, mas ainda em escala relativamente menor, isso é, regional ou "de província" mas com um substratum de concorrência com outras entidades do sul-sudeste do Brasil. Intelectuais ao nível de Mauro Mota, chefe do Instituto, o filho Roberto Mota no departamento de Sociologia, Sílvio Rabello, Renato Carneiro Campos, Mário Souto Maior e muitos outros pesquisavam e publicavam artigos e monografias sobre temas nordestinos. O já mencionado filho do grande poeta de cordel, meu amigo Marcus de Atayde, teve um trabalho modesto no Muséu de Açúcar, ao lado do Instituto e esperava fazer estudos avançados em museologia no Sul do País.

O gringo pesquisador assistiu uma vez uma conferência do famoso Gilberto Freyre, e, desgraçadamente, caiu no sono no meio. Pecado capital, mas, que fazer? Não lembro se foi por motivo de ressaca de farra na noite anterior, ou, simplesmente, o tema ou a hora sonolenta da tarde depois do almoço forte. Mas, não foi o mesmo caso quando assisti conferências do Luís da Câmara Cascudo, o maior folclorista do Brasil (e entre os maiores do mundo) quando o grande mestre me deixou entusiadíssimo pelos vários aspectos do folclore nordestino; seria futuro mestre e orientador para a tese, grande estudioso pioneiro dos cantadores do Nordeste e a velha e original literatura de cordel.

Bomba no Aeroporto dos Guararapes

No 25 de julho de 1966, pouco depois de minha chegada no Pernambuco, houve um ato de terrorismo em contra o regime militar que virava ditadura no Brasil. Irônico, o nome "Guararapes" vem dos heróis que lutaram para livrar Pernambuco das mãos dos invasores holandeses no começo do século 17. A idéia foi estourar a bomba no aeroporto no momento da chegada do presidente-eleito (ou nomeado entre amigos, candidato único militar) em viagem de "campanha" pelo Nordeste - o General Costa e Silva que devia ser o segundo presidente militar depois da "Redentora", a revolução militar em 1964 que pretendia livrar o Brasil da "ameaça comunista" interna influída pelo grande poder e prestígio de Fidel Castro e Ché Guevara em dias melhores em Cuba. Pois, de fato, a bomba estourou, matando duas pessoas, mas não pegou o general. Segundo a reportagem, seu avião malfuncionara em João Pessoa, e não chegou na hora marcada ao Aeroporto dos Guararapes no Recife. Evento ligado à tese, tudo foi reportado por um dos poetas da literatura de cordel que escreveu rápido sua reportagem em versos e lançou o folheto à rua horas depois do evento, exemplo do "cordel jornalístico" que era importante na época. No texto chamou o ato de terrorismo "perverso e vil", e disse que o governo brasileiro saberia tratar com os responsáveis! Palavras proféticas – daí a pouco entrou o governo Costa e Silva e o famoso Ato Institucional n. 5 entraria em efeito, selando a época de ditadura que só acabaria em 1985 com a vitória e inauguração de Tancredo Neves, outro grande evento reportado no cordel, "jornal do povo" pela "voz do povo".

O Vaqueiro que Deu a Luz no Sertão Alagoano

Pouco depois, houve outra novidade a contar. Saiu na imprensa regional e logo nacional o caso badalado de um tal de vaqueiro no interior de Alagoas que tinha dado a luz um bebê. Os repórteres da literatura de cordel pegaram no assunto, grande tema certo a vender muito! José Soares, o "repórter" do cordel do Recife, lançou dois folhetos à rua com um relato do evento, algo meio complicado, cheio de suspeitas, dúvidas e intriga. Seria um caso de hermafroditismo no sertão de Alagoas? "Fatos e Fotos" e "Manchete" e a televisão nacional logo mandaram gente a contar e especular sobre o mesmo. Resultou tudo a ser um caso verdadeiro mas com explicação prosaica: uma senhora teve uma bebê fêmea, mas querendo um rapaz, criou a menina como se fosse rapaz. A criança, como costume da região, cresceu e virou "vaqueiro". Tudo andava bem até aqueles anos de hormônios fortes e aconteceu o que tinha que acontecer: outro vaqueiro levou "a vaqueira" para o mato e uma criança nasceu nove meses depois. Tudo natural. A nova mãe só comentava para os repórteres depois, que quando o bucho começava a crescer, para esconder apertou o cinturão, e aí doeu um pouco, só! Coisa encerrada. Mas, logo depois do comentário um tanto pilhérico pela imprensa, um vaqueiro daqueles, brabo e ofendido, matou um dos poetas que pilheriara que o pessoal devia ter muito cuidado com os vaqueiros daquela terrra, o vaqueiro em questão metendo a peixeira no pobre poeta e matando-o. Não era terra de brincadeira, não senhor! Mas, a história ficou nos anais do cordel para sempre, boa de vendas e ainda melhor de divertir a um público curioso e ávido de novidades na vida.

A Praia e a Praia de Boa Viagem

Será talvez de interesse saber que o gringo pesquisador nasceu em uma vila do Estado de Kansas, no meio dos Estados Unidos, e só viu o mar por primeira vez com 20 anos de idade emquanto fizesse estágio de estudo na Universidade Nacional do México. Aquele mar foi o mar de Acapulco, mar que abriu os horizontes do "interioriano" de Kansas. Daí, não devia ser nenhuma surpresa que ficasse eu totalmente abismado pelas belezas das praias do Brasil, e em particular nesses meses, da Boa Viagem, outro mundo! Pois, íamos regularmente, eu e amigos da Chácara das Rosas, "pegar praia" em Boa Viagem, a mais predileta das praias do momento. Pegávamos o ônibus na Praça Joaquim Nabuco, à beira do Rio Capibaribe no Centro, e seguíamos pelo centro do Recife até a praia. Em dias bons era questão de vinte minutos, mas se ficava em hora do "rush", desastre ou atropelamento, às vezes a gente ficou totalmente parado naquele calor de ônibus sem ar condicionado.

Boa Viagem nos anos 1960 só começava a se desenvolver no bairro que é hoje em dia, e praias distantes, como a Piedade, eram tesouros de palmeiras, barcos de pescadores, lugares "distantes" que só gente "fina" com carro pudesse disfrutar. Boa Viagem devia ter, pois, uns quarenta "arranha-céus", prédios de apartamentos ou hotéis à beira da praia. Era comunidade de praia no fim de semana e residência de classe média e da "colônia estrangeira", gente de firmas, USIS, Voluntários da Pátria, o consulado, etc., muitos dos Estados Unidos (a Aliança para o Progresso trouxera muita gente ao Nordeste em esforços vários de desenvolvimento).

O primeiro que o gringo teve que aprender foi o horário de praia – no Recife (e o resto do Brasil) era de manhã!, e, especialmente Domingo de manhã (o gringo Católico se perguntava, "Quando é que este pessoal do 'país Católico maior do mundo' assiste a missa?"). Fator principal da praia foi, naturalmente, o arrecife estreito que ficava uns kilômetros ou mais da praia, formando uma barreira natural das ondas fortes do alto mar. Os poços d'água que resultam definem bastante o tipo de atividade na praia. Muitas vezes de um metro ou pouco mais de fundo, deixavam que o pessoal entrasse na àgua "mergulhando" até a cintura ou pouco mais. Fiquei sabendo que muito pernambuco na praia não sabia nadar! Foi um choque tremendo saber disso. Mas, os poços também deixavam a água se esquentar, água morna de banho, mas, ainda refrescante – um contraste à água frígida (para nordestino) do Rio e lugares mais ao sul. E, quando não na temporada de chuva e cheia (a água lamacenta dos três rios que desembocam no mar no Recife), a água era um verde-azul.

Tinha coqueiros ainda à beira do mar, uns de cem anos de idade segundo fontes locais (se não puxassem a perna do gringo inocente). Logo fui apresentado ao coco verde e a água de coco (da qual desgraçadamente não gostei, isso apesar do costume de botar gelo e talvez cachaça ou rom nela). O que eu gostei foi ver a "arte" dos vendedores de coco, cada qual com sua "peixeira" larga e o jeito especial de cortar um pedaço do coco, jogar o coco no ar, assim virando-o de lado, e whoosh, cortar de novo. Notei de passagem, que a alguns deles lhes faltavam um dedo ou dois, risco do ofício. E as mesmas "fontes locais", com sua arte maliciosa de quengo nordestino, me aconselharam não confundir "coco" com "cocó", mas, não explicaram muito bem a razão. A língua portuguesa talvez seja, como falaram os amigos da Chácara, a mais "difícil do mundo", isso devido ao sistema maldito de vogais abertos e fechados! A Academia da Língua Portuguesa não nos fez nenhum favor aos estrangeiros que quisessêmos aprender português, com outra de suas "reformas" quando decidiram como "inútil" o "chapeuzinho" para indicar o som fechado ou, a falta dele, o aberto, isso é, a pronúncia de certas palavras, como "sêde" e "sede". Como o estrangeiro vai saber se não pelo marco diacrítico? Pois, o ditado da época, "O que é Bom para Tio Sam é bom para os Brasileiros" não tem cabimento neste caso! Mas, acho que ofendi mais de um brasileiro por não gostar nem da água de coco nem da sobremesa doce feita do coco, parecida a uma geléia. Agora, a "cocada" bahiana e nordestina é outra coisa – maravilha do mundo! E a batida de coco – dádiva de Deus à raça! Isso, e o sorvete de coco!

Nos anos 1960, os homens usavam calça de banho breve e apertada, ainda não a sunga de hoje em dia, mas um mundo àparte da calça de banho do gringo. Outra vez, se não bastassem os olhos azuis, o calção revelou a verdade – tem gringo na área! Mas, o meu prazer foi "estudar" a moda feminina. Havia poucos biquinis em Boa Viagem, estes poucos de umas "atrevidas" segundo más línguas de velhas senhoras beatas. O que se via muito foi o "mailleaux" ou maiô. Poucos anos depois, em outra viagem ao Recife, tudo mudara – biquine, tanga e depois fio dental! A mudança revelava mais do que a pele bronzeada, mas, também um câmbio significante dos mores sociais deste novo Brasil! Nos 1960 ainda havia vestígio de uma moralidade ultra-conservadora para família de "gente boa ou decente" – o namoro feito em grupos de rapazes e garotas, e namorados até saindo acompanhado de irmão maior! E, segundo às mesmas "beatas", a moça nordestina não era "liberal" como sua conterrânea no Sul (sempre querendo dizer o Rio). Mas, me lembro da graça natural destas meninas pernambucanas queimadas de sol, e os olhos! Sendo norteamericano de olhos azuis, me lembro do papo e da paquera com estas belezas de olhos marrons, pretos, ou talvez verdes, até ao passar-se na rua. Os olhos "ferem" e suspeito que são ainda "as janelas da alma", arma principal aprazenteira ainda no jogo do amor. E parecia mais exagerada isso dos olhos nas vilas do interior aonde iria mais tarde fazer pesquisa nos mercados e feiras, à cata do cordel. O outro lado da moeda – ser gringa loira e bonita no Brasil – segundo me dizem – era aventura até perigosa na época.

Mas, também fascinava ao gringo outra coisa na praia – sempre se avistava de longe o tráfego marítimo na distância, isso porque estávamos só uns poucos kilômetros do grande porto do Recife. Transoceânicos, cargueiros, barcos de cruzeiro e da marinha brasileira passavam com grande freqüência. Eu me entusiasmei muito com isso. Mas, também haviam os pequenos barcos de pesca, e muito ainda na época, jangadas verdadeiras de pescadores humildes de Pina, da Praia do Pinto, da parte mais ao norte de Boa Viagem. (Já contei que uma das compras primeiras que fiz no Mercado de São José foi a jangada de cedro!) Foi a mesma faixa de praia onde se formavam um número sem fim de peladas de futbol, com "ligas" especiais de Domingo.

Havia muitos caracóis na praia, mas não os grandes; o pessoal tinha que ir a praias mais distantes e menos freqüentadas para isso. Mas, não deixei de me fascinar pelas pequenas "Maria Farinhas", pequenos caranguejos que nos espiavam dos seus buraquinhos na aréia com as "antennas" de olhos grandes, e logo sumiam correndo pela aréia. Sendo rapaz de granja longe do mar, estes momentos de praia sempre eram importantes. Mas, lembro que não gostei dos ventos fortes ou dias de chuva e recordo as queixas do pessoal de residência na praia, dos danos que fez o vento, com o sal no ar do mar, nas cortinas e móveis de casa. Há muito mais a contar, especialmente, as noites de farra e serenata à beira da praia e a noite que mais gostei de toda a música brasileira – a "performance" de um trio que cantava baladas folclóricas em um club em Boa Viagem, isso depois de sair do trabalho, e descansava cantando até a alta madrugada em um bar da "zona" de Boa Viagem!

Não fomos muito a outras praias mais distantes devido à falta de transporte; pouca gente que eu conhecia tinha carro. Mas uma vez, através de um dia recriativo patrocinado por um banco no centro onde trabalhava um dos rapazes da Chácara, chegamos a conhecer a belíssima praia de Gaibu e o Forte Holandês que ficava pertinho. Disse que "chegamos a conhecer" no sentido verídico – o motorista do ônibus se perdeu no caminho e aí perdemos horas preciosas no dia. Mas, Gaibu era uma praia dessas famosas do Nordeste que existem muito menos hoje - bela praia de curva de meia-lua, totalmente cercada de coqueiros, vila de pesadores com barcos e jangadas, e o melhor – um mar azul com ondas bonitas. Isso é, até notamos um objeto branco boiando um pouco longe da praia – resultou ser cadáver de gente, afundado há tempo. Como disse o grande herói meu, o escritor mineiro Guimarães Rosa em "Grande Sertão: Veredas", "Viver é muito perigoso" nesse Brasil.

CAPÍTULO II.
VIAGENS AO INTERIOR
DO NORDESTE

Onibus Pinga-Pinga e o Tal

Nesta primeira fase de pesquisa de campo para defender a tese, junto à tarefa de ler os livros de estudos básicos sobre a literatura popular em verso foi a coletânea de romances e folhetos de cordel e a tarefa de conhecer poetas e público. Com a base já feita no Mercado de São José no Recife, chegou o momento de ir a outras cidades costeiras e vilas do interior a pegar novo material. O meio de transporte, quase sempre, era o ônibus; daí me familiarizei, até demais poderia dizer, com a vida popular das rodoviárias e estradas principais do Nordeste. O Brasil sendo terra de Emerson Fittipaldi, Ayrton Senna e agora em 2003 com os três primeiros na roda da Indianápolis, acho verdadeira a velha piada que tais motoristas treinaram em táxi em São Paulo ou o Rio, e acrescentaria, nos ônibus no Nordeste!

Uma curiosidade do andar de ônibus: no campo do interior nordestino, com relativamente pouca gente e tráfego, o motorista ia devagarzinho, talvez pela condição da estrada, talvez pelo papo com conhecidos nas vilas e cidades passadas, mas, uma vez nos subúrbios do Recife, João Pessoa, Campina Grande, ou Natal onde havia um semfim de carros, caminhões, até carro de burro ou cavalo, e muito peão, aí foi um Deus me acuda! Houve uma corrida danada pelas ruas pavimentadas (ou ainda de paralelpípedos), chegando quase a atropelar passeuntes que não ganhassem juízo e fugissem mesmo para a calçada. Mas, seja como for, em uma dessas viagens, o ônibus correndo a uma velocidade respeitável no interior do Estado, de repente o motorista freiou violentamente o ônibus e paramos abruptamente, todos os passageiros empurrados para frente. Aí o motorista e os passageiros, todos menos o pesquisador gringo do banco de trás, pularam correndo do ônibus, todos gritando, "peba, peba, pega a peba".

Era realmente um tatuzinho que andava fazendo o que os tatus normalmente fazem. Mas, o pessoal queria pegar mesmo. Aí, alguém sugeriu que o bicho tivesse "poderes afrodisíacos" – pelo menos, assim foi a explicação ao gringo atrás. Não sendo nada preparado pelo curso de Estudos Latinoamericanos nos EUA sobre ou os hábitos ou os fluídos vitais de tal bicho, aceitei a tese e me calei. Pois, foi só um entre muitos incidentes de viagem de motorista no Brasil!

Primeira Viagem: a Caruaru no Pernambuco – A Feira e os Bonecos de Barro

A primeira viagem de pesquisa de campo que fiz foi para "A Princesa do Agreste," a cidade de Caruaru. A cidade fica na zona do agreste, a segunda faixa de terra saindo da costa para o interior ao oeste (a zona da mata é a primeira, terra fértil, molhada de chuvas tropicais, terra de fazendas de cana de açúcar, ver "Morte e Vida Severina" de João Cabral de Melo Neto), uma área principalmente de pastoreio e cultivo de comestíveis. Passamos por uma terra muito ondulada, muito da qual sembrada ainda em cana de açúcar, mas com bananeiras em todo cantinho. Verde, mas mais seco do que a zona da mata.

Caruaru só ficava duas horas de ônibus do Recife, de estrada pavimentada, grande sinal de progresso na época, a cidade muito ondulada de pequenos morros. Conhecida pela famosa feira semanal, freqüentada por gente de toda a região, a cidade também tinha fama pelos famosos "bonecos de barro" do Mestre Vitalino e seus filhos (o mestre morreu pouco antes de minha estada no Brasil, mas, a família continuou a tradição dos bonecos, não sempre livre de problemas e pleitos contra vigaristas de grande cidade que se aproveitaram do Mestre e seus descendentes). Mas, os bonecos originais (e houve plágios) do Mestre viraram peças de Museu, artigo cobiçado por colecionadores de grandes cidades no litoral, no Sul e até no estrangeiro. Mas, o interessante é que os famosos bonecos fossem exatamente isso, pelo menos originalmente, bonecos de brincadeira para crianças pobres. A grande vantagem dos bonecos, caídos ao chão e quebrados, era fácil e barato fazer outros novos. Chamaram a atenção de turistas do Recife e o resto do Nordeste, depois de gente do Sul em viagem ao Nordeste. Hoje em dia se encontram nas lojas de luxo dos aeroportos do Nordeste e até o Rio e São Paulo e em lojas finas em muitas cidades do Brasil (houve uns anos atrás uma tal loja de luxo ao lado do Othon Palace na Praia de Copacabana e na vitrine haviam duas grandes figuras pintadas de Lampião e Maria Bonita, as duas bonecos de barro).

Os bonecos originais que comprei em Caruaru em 1966 eram de tamanho médio e não pintados (porque não havia desse gênero) - figuras do Padre Cícero, do São Francisco ou Frei Damião, de cangaceiros como Lampião ou Maria Bonita, de vaqueiros pegando boi, de boi do Bumba Meu Boi, de trio nordestino. Mas, venho acompanhando as mudanças "na indústria" nestes 40 anos – as figuras já estão pintadas, muitas feitas em miniatura (e custando mais) com uma infinidade de temas – cenas de retirantes ou flagelados de seca, casamento no mato, dentistas, médicos e barbeiros tratando pacientes e clientes, de cenas de roça – a mulher fazendo manteiga, farinha de mandioca, etc. jogos de xadrês, e cenários completos de creche de Natal.

Na feira de Caruaru nos 1960 se podia ver ainda a família camponesa vinda à feira semanal para vender seus produtos, fazer compras, renovar amizades e saber das novas (o leitor da literatura brasileira não pode deixar de lembrar "Vidas Secas" do grande Graciliano Ramos, com sua cena do Fabiano e a família indo a "cidade" e à feira, e o festival do santo padroeiro). Os matutos ainda vestiam o pequeno chapéu de couro, ou às vezes o grande. Havia a barraca cheirenta de fumo de rolo para cigarro de palha (estudei com curiosidade o jeito do matuto tirar a faca, cortar o fumo duro em pedaços, rolar na mão e depois botar na palha). E, claro, havia o semfim de artigos de uso pessoal, roupas, panelas de cozinha, ferramentas, etc.

Mas, o motivo da viagem, como seria sempre, era a busca de literatura de cordel.

A cidade era conhecida por vários poetas e editores radicados nela. Fui acompanhado de Marcus Atayde, espécie de cicerone a apresentar-me ao meio, isso é, conhecer poetas de cordel, editores e comprar títulos novos. Por casualidade, foi em Caruaru que conheci Lycio Neves, autor local, amigo de Jorge Amado na Bahia e homem que conhecera a Carolina de Jesus, de fama no momento por seu "Quarto de Despejo". Segundo ele, Carolina já andava com o segundo livro impresso; tinha recebido algum dinheiro do primeiro livro tão badalado, mas, o gastara, e estava de volta à favela. (Anos depois chegaria a ter o grande prazer de conhecer o jornalista de fama nacional, Audálio Dantas de São Paulo, de fato o jornalista que encaminhou o diário desta favelada à imprensa e logo à fama nacional).

Pois, em Caruaru esta vez (haveria outras viagens) fui à folhetaria do famoso Dila Soares, veterano do cordel, mais conhecido na arte da xilogravura, arte especial no seu caso por gravar na borracha, especialista do tema do cangaço. Não cheguei a entrevistá-lo esta vez, mas, meses depois faria as primeiras entrevistas "por correio" dos poetas do cordel, isso desde o Rio de Janeiro, e as respostas meio enigmáticas do vate entraram no meu primeiro livro, A Literatura de Cordel (Recife: UFEPE, 1973) e logo no texto da Pedra do Reino, empréstimo meu ao grande mestre Ariano Suassuna.

Na volta ao Recife, agora viajando sozinho, peguei o ônibus "pinga-pinga" de Caruaru ao Recife, experiência "folclórica" para o gringo pesquisador (e não a última). O ônibus não tinha turista nenhum, nem falar de estrangeiro, mas vinha lotadíssimo de gente humilde, matutos voltando da feira às roças no campo. Havia tipos "vaqueiros", vários deles bêbados, muitos discutindo com o motorista sobre a tarifa. O ônibus parava em qualquer canto, não havendo paradas oficiais, o pessoal descendo no meio do mato. E o desastre de ônibus deu prego mais de uma vez, finalmente "mancando" ao Recife.

Cantoria no Mercado Santa Rita

De volta aquela noite ao Recife, fiz outra experiência nova – a primeira gravação de cantoria como parte da pesquisa de campo sobre o cordel (o cantador é o "primo" irmão do poeta de cordel, e, um dos temas principais do cordel é a peleja ou cantoria em verso posto ao papel). O lugar foi no velho Mercado de Santa Rita perto do porto, e no Bar do Galo (me dizem que o lugar não existe mais). A cantoria foi de Severino Pereira e Anistaldo e tomou lugar em uma barraca de feira com um banco só para sentar, o lugar bastante sujo e mal-cuidado. A cantoria em si prosseguiu bem com a acostumada cantoria do "martelo de 10 pés", o "galope à beira mar," o "quadrão de 8 pés", e "você cai". Mas, como é de esperar, os cantadores usaram a fala regional, linguagem "matuta" cargada de sotaque do interior. Sempre nestes 40 anos de pesquisa, venho a manter que só brasileiro ou pesquisador estrangeiro radicado há anos no Brasil pode fazer bem o estudo da cantoria, isso por motivos lingüísticos. Eu, desde o começo e até hoje em dia, deixei isso aos outros que pudessem fazer juz ao fenômeno, motivo também complicado por pequeno problema de ouvido que tenho. Mas, não era e ainda não é sempre fácil explicar aos cantadores amigos meus motivos sem ofende-los, mas a verdade é que muitas vezes simplesmente não posso "perceber" bem a cantoria oral. Agora bem, a escrita no folheto de cordel, sim, aí sem problemas.

O "público" aquela noite eram da classe mais humilde, todos homens, camisa pobre de manga curta, muitas vezes rasgada e remendada, calça pobre de tecido simples, pés desnudos ou de chinela ou alpargata, mas de borracha em vez de couro. De bigode por régra geral, mas, a barba feita. Embora improvisada a poesia, dava a impressão que uma parte significante fosse "obra feita", isso é, versos decorados de outras cantorias famosas (régra geral e não rara). No meio acadêmico ainda se discutia naqueles anos a teoria de Parry y Lord que estudaram poesia tradicional de Macedônia, vates herdores da tradição épica grega, e concluíram que a poesia épica tradicional fosse composta de versos "formulaicos" que lhes permitiam a improvisão rápida aos vates. Algo disso estava presente no Mercao de Santa Rita em 1966 no nordeste do Brasil.

Viagem a Campina Grande, Paraíba. 27-30 De Julho, 1966

A maneira mais fácil a chegar a Campina Grande foi de ônibus ou carro, viagem de duas horas por uma estrada pavimentada do Recife a João Pessoa e ao oeste a Campina, caminho que seguia a faixa costeira de fazendas de cana de açúcar. Campina se conhecia como "a capital do agreste", de uns 200.000 habitantes na época, com uma universidade boa, clubes campestres e o tal. Minha ligação a ela foi através de um dos bons amigos conhecidos no Recife que depois se formou em medicina e foi ganhar a vida na grande São Paulo, outro tipo de "retirante" dos quais há milhares no Brasil.

Campina Grande e o Kardecismo

A Família Pereira-Coelho, Campina Grande

Fiquei amigo do pai de Jaime que ganhava a vida com postos de gasolina na cidade mas cujo interesse real era o espiritismo do Allan Kardec. Era médium, famoso na região pelo "poder" de curar através dos poderes de Jesus Cristo tal como descritos na Escritura Sagrada, acreditando que tinha o "dom" de curar, embora em escala, claro, bem menor do que o Messias. Este senhor dedicava muitas horas cada semana ao dom, consultando, rezando e curando "clientes" da região que formavam uma fila grande fora do terreno, se extendendo na rua em frente de sua casa cômoda em Campina. Os clientes foram ricos e também os mais pobres e desesperados da região. Foi minha introdução ao espiritismo kardecista no Brasil. Anos mais tarde, fiquei sabendo que outro cicerone meu, esta vez no Rio de Janeiro, também era adepto do Kardecismo. Antes, pensava eu, nenhum intelectual devia se interessar pelo fenômeno. Mas, no Brasil, fiquei sabendo que realmente há de tudo em matéria religiosa. Sebastião Nunes Batista, outro colega e cicerone meu no Rio de Janeiro, filho do importante Francisco das Chagas Batista do cordel pioneiro, concorrente de Leandro Gomes de Barros, era praticante da umbanda e me levou para conhecer e apreciar. Pois, fiquei sabendo que no Brasil, se um Deus serve, mais um serve mais ou melhor.

À Cata do Cordel e o o Poeta Consagrado Manoel Camilo dos Santos

Mas, o motivo principal profissional de ir a Campina Grande foi, outra vez, conhecer sua grande feira semanal e um dos poetas mais conhecidos de cordel na região, o ótimo poeta e editor Manoel Camilo dos Santos, de fama pelos romances narrativos e o famoso "Viagem a São Saruê", poema clássico do cordel. Comecei a odisséia por assistir a um dos programas de rádio, populares na época, na Rádio Borborema no centro da cidade onde entrevistei uns dos poetas-cantadores e marcamos encontro para gravar um desafio logo aquela noite. Foi repetida a cena do Mercado de Santa Rita no Recife, agora no Mercado de Campina Grande, quando gravei uma cantoria. A cena era pobre e suja, esta vez com uns bêbados assistindo que atrapalharam o serviço um pouco, mas, conseguimos ouvir "louvação", "vaqueijada," "cantoria de quadrão", "martelo agalopado" e umas glosas pelos poetas, um deles já um pouco bêbado. A bebida, inclusive a cachaça, é tema freqüente de desafio, e uns dos poetas ou glossadores, mas longe de todos, subscrevem ao costume da bebida. O grande Leandro Gomes de Barros escolheu o tema da cachaça para muitos de seus poemas mais "inspirados" de sátira - o "Ave Maria da Cachaça" entre outros.

O Poeta Manoel Camilo dos Santos, Campina Grande

Depois de uma busca um tanto complicada e frustrante, conseguimos saber a localidade da casa-tipografia de Manoel Camilo dos Santos; foi em um bairro proletário distante do centro, de ruas de barro e casas humildes em fila pela rua. Pois, conheci, entrevistei e documentei com slides um dos grandes mestres que ainda vivia do cordel na época. Levava a roupa suja pela tinta da imprensa pequena em casa e óculos de sol ("trademark" do poeta orgulhoso na praça), mas, foi gentil e simpático, e, me concedeu excelente entrevista. Uns meses depois, acho que pela primeira vez por um pesquisador, mandei e recebi de volta entrevistas escritas pelo correio, isso enquanto de estágio no Rio, e Manoel Camilo contribuiu uma das mais belas, entrevistas a serem usadas por Ariano Suassuna na criação de seu protagonista Quaderna em "O Romance da Pedra do Reino", além de formarem um capítulo no primeiro livro meu editado no Brasil, "A Literatura de Cordel" de 1973.

Mas, na visita se destacou também a grande feira de Campina, uma das maiores de todo nordeste na época. Havia de tudo na região: frutas, legumes, roupa, artigos de cozinha, ferramentas, grandes sacos de farinha de mandioca e arroz, e o sempre presente fumo de rolo. Mas de notar, em Campina, havia duas moças cegas cantadoras, famosas na região (e assinaladas a mim meses antes pelo orientador Manuel Cavalcanti Proença no Rio como "coisa de não perder"). Cantaram diversas modinhas folclóricas, incluindo velhos "romances" regionais. Usavam cuias, batendo nelas, para marcar o ritmo, o canto bastante melancólico e triste para os ouvidos do pesquisador.

Havia só uma pessoa vendendo poemas de cordel aquele dia, um "agente-folheteiro", não realmente um poeta. Manoel Camilo não ia mais para a feira, contente de imprimir os romances na tipografia em casa e vender o estoque dali a outros poetas, vendedores na região.

O dia final em Campina apresentou outra novidade – conheci a vida social de cidade do interior, mas esta vez na forma do "club campestre". Era uma das vias principais de atividade social na cidade, club de campo para famílias, o pai do amigo um dos fundadores e primeiro presidente. Tinha uma piscina linda de nadar, um "skeet shoot" para os homens, e uma cabana grande para almoçar e logo dançar. Nesse dia, um Domingo, estava lotado de gente – nadando, gozando o grande almoço e depois dançando o resto da tarde até o entrar da noite. Não é preciso dizer que o gringo pesquisador passou bem aquele dia, notando o contraste entre o mundo do cordel e o mundo de classe media-alta em cidade grande do interior.

Viagem a Juazeiro do Norte, Terra de Padre Cícero, Figura Principal do Cordel. 17 de agosto de 1966

A Travessia pelo Sertão

O ônibus saiu do Recife na costa atlântica às 5 da manhã e chegou ao Juazeiro do Norte no interior do Estado de Ceara à 1 hora da noite no dia seguinte, viagem de vinte horas. Pouco depois de Caruaru, duas horas ao oeste do Recife, a estrada pavimentada acabou; era de chão duro o resto do caminho. O ônibus estava totalmente lotado de passageiros, novos e velhos subindo e descendo em cada parada, homens pobres sem a barba feita, muitos de chapéu de couro, levando toda maneira de embrulhos e pacotes: roupa, garrafas de água, Coca-Cola, ou até cachaça, Havia várias mulheres com nenéns no colo, uns dos quais que começavam a vomitar com o movimento violento do ônibus na estrada cheia de buracos. O motorista no começo fez um esforço meio desinteressado de limpar o vômito com papel de jornal, mas daí a pouco, desistiu. Dentro do ônibus estava extremamente quente, a única ventilação vindo das janelas abertas. Era ônibus pequeno, de assentos ou bancos rígidos e rectos, pouca distância entre um banco e outro. Daí, todos nós participávamos do "movimento" adentro.

Nosso roteiro. O ônibus passou por Caruaru, depois São Caetano, já com a estrada feita lama depois de chuvas recentes, e aí pegou na lama. Passamos por Sanharo (aí chegou a vez de um homem vomitar no ônibus), Pesqueira com as afamadas fábicas de doces da região, e Mimoso quando vários homens subiram a bordo com garrafas de cachaça. Depois vieram Arcoverde, Custódio, Sítio dos Nunes e finalmente a vila grande de Serra Talhada (ainda em Pernambuco), terra de nascimento do ínfamo Lampião e lugar não muito distante da famosa Pedra Bonita, lugar conhecido ao norteamericano pela leitura do romance do mesmo título de José Lins do Rego, narrando a estória do "fanatismo religioso" e o sacrifício de cachorros e logo bebés para trazer de volta um messias na figura do Rei Sebastião de Portugal.

Pouco depois de Caruaru em Pernambuco, entráramos na caatinga, terra seca de deserto com cactos, brenhas e maleza, a qual me lembrou o cenário de vaqueiros e cangaceiros e as emboscadas na literatura de cordel e contos de folclore nordestino. Pouco parecia prosperar; havia rebanhos do gado Zebu ("Brahma", originalmente da Índia) que dava bem nesta terra áspera e uns cabras pastando no pouco pasto que havia. Havia "vaqueiros" ou pastores de chapéu de couro, roupa de algodão, mas pouquíssimos na "farda" completa de gibão e perneiras de couro de vaqueiro.

Paramos para almoçar em um arraial no meio do caminho, mesas postas ao ar livre, e tudo de aspecto pobre, não muito higiênico aos olhos do gringo. Comer ou passar fome? Mas, era amplo o almoço de feijão, arroz, macarrão, carne de sol, galinha e a ubícua doce de goiabada de sobremesa.

Aí conheci um jovem, companheiro de viagem, de Serra Talhada onde trabalhava em sede do Banco do Brasil. Estivera em Limoeiro visitando a noiva (lembrei que Limoeiro era cidade do famoso chefe politico, "o ultimo grande coronel do Nordeste", Chico Heráclio, ainda vivo e competente nos anos 60, fato documentado na ótima revista <u>Realidade</u>, na época). O rapaz falou de passagem que seu avô foi matado a tiros por Lampião.

As pequenas vilas deste sertão tão badalado, eram secas, poeirentas, subdesenvolvidas em termos de hoje em dia, geralmente com só a rua principal pavimentada, e isto com os paralelpípedos ou blocos de pedra. As casas se estendiam em fila nos dois lados da rua, todas juntas, com uma pequena calçada em frente. A Serra Talhada mesma é uma cadeia de pequenas montanhas, umas parecendo morros, cercando a vila, talvez de uns 500 metros de altura, mas, vendo elas, era possível imaginar como devia de ser Pedra Bonita.

Logo entramos em Ceará, finalmente chegando a Juazeiro. A cidade fica no Vale do Cariri (o nome de uma tribo de Índios da região), um vale cercado por montanhas de uns 500 metros de altura. O vale é realmente um oasis; sempre tem água; é cercado por um deserto dos mais secos do Nordeste. Assim, o vale sempre existira como refúgio de flagelados das terríveis secas, a mais famosa, a Seca dos Dois Sete (1877) que devia matar a quase um milhão de pessoas no Nordeste. Os pobres que viriam a pedir a "graça" do Padre Cícero tambóm vinham com pedidos de esmola, de ajuda económica, e, o Padre ganhou reputação de ser homem caritativo, talvez mais querido por suas caridades do que pelos "milagres" atribuídos a ele pela voz popular. Entre Juazeiro e a capital de Fortaleza, no norte do Estado, jaz uma área que sofre tremendamente da seca.

Estátua de Padre Cícero Romão, Juazeiro do Norte, Ceará

Chegada a Juazeiro e o Rancho de Romeiros

Chegamos em Juazeiro pouco depois de meia-noite, a cidade totalmente escura e "fechada." O motorista parou em frente de um hotelzinho onde talvez houvesse hospedagem para o gringo. Demorou muito a despertar o porteiro (batendo palmas com o grito de "ó de casa", saudação logo aprendida e adaptada pelo Americano no Nordeste) que anunciou que não havia lugar nenhum, mas, me dirigiu a um rancho de romeiros, a hospedagem miserável e acostumada dos humildes romeiros à cidade do Padre Cícero. No que parecia um grande quadro preto, havia um quarto de chão duro sem móveis outros que os ganchos onde armar rede. Acabei assim, dormindo em rede sem cobertor ou lenço no que parecia um pequeno corredor. O banheiro era o "mato" atrás. Se não me engano, acho que cobraram 50 centavos a passar a noite, isso é, junto com a muriçoca. (Hoje em dia me maravilho que não pegasse nenhuma doença nesta ou outras viagens similares no interior, mas Deus protege os ingênuos e os romeiros, não é?) Naquele momento que parecia sofrimento, hoje em dia vejo uma "graça", uma oportunidade de fazer o que devia ser feito por alguém realmente interessado em experimentar a romeria a Juazeiro.

O rancho ficava muito perto da igreja de Nossa Senhora das Dores, igreja fundada pelo próprio Padre Cícero. Falaram que na época de minha visita a cidade tinha 60.000 habitantes, cifra que dobra em setembro e outubro quando as grandes romerias tomam lugar, isso quando milhares de romeiros de todo o Nordeste vêm pagar respeito ao padre finado, pagando promessas e cumprindo com graças dadas (ou pedindo novas, às vezes na forma de milagre). A lenda do Padre ainda crescia nesses dias: a hóstia sagrada na missa virada sangue na boca da beata Maria, sinal do próprio corpo presente de Jesus Cristo, e a resultante fama, em parte, do Padre Cícero. A literatura de cordel está repleta de estórias em verso de tais milagres, de sermões e conselhos do Padre, uma razão entre outras por minha "romeria".

Aquela manhã, conheci um senhor, dono de uma farmácia na cidade, amigo de Marcus de Atayde, homem que já arranjara minha hospedagem na cidade e me apresentou ao filho, também amigo de Marcus, que ia servir de cicerone. O senhor Leônidas estivera radicado em Juazeiro desde 1922 e vivia bem com a farmácia e um sítio fora da cidade. Disse haver zombado no começo do Padre e suas "lendas", mas, já em 1966, acreditava nos milagres, pelo menos assim me falou.

Intervalo: o Revólver e o Gringo

Uma digressão importante cabe aqui. O gringo ingênuo mais uma vez. O amigo Marcus Atayde me pedira um "pequeno favor" ao sair do Rccife – levar de volta um revólver de pequeno calibre a ele no Recife, arma conseguida através do amigo farmacéutico em Juazeiro. "Não há nada demais", me contou. "Ninguém vai suspeitar um americano turista, revisar mala de um pesquisador. Bota na mochila e pode entregá-lo a mim logo depois de chegar de viagem." Pois bem, assim fiz, carregando o revólver de volta, mas, com um pouco de nervosismo, isso principalmente porque não sou gente de arma, em qualquer tempo ou lugar. Tempos depois, repensei o negócio. Época de ditadura, caça de subversíveis e comunistas e outros alheios ao regime da "Redentora". Acontece que tempos depois da minha saída desta primeira pesquisa no Brasil, depois de julho de 1967, o amigo Marcus de Atayude sumira do Recife, segundo outros, "refugindo-se" na grande São Paulo. Nunca mais tive notícia dele, e hoje em dia, seria certo que desse uma grande gargalhada lembrando o caso. Mas, ó gente, pode pensar nas conseqüencias se fosse pego o gringo com a arma? Meu orientador de pesquisa na Faculdade da Saint Louis University nos Estado Unidos me dissera uma vez, "Ó Curran, você é o máximo dos ingênuos. Um dia desses vai ajudar uma velhinha a atravessar a rua e vai dar-lhe uma facada com a ponta do guarda-chuva". Acho desnessário dizer mais.

O Cordel em Juazeiro

O propósito principal e ostensivo da viagem a Juazeiro, além de conhecer a terra e mergulhar-me um pouco no ambiente do Padre Cícero, foi, mais uma vez, colecionar o cordel da cidade e da área, isso porque a editora maior nordestina do cordel da época ficava em Juazeiro, a do senhor José Bernardo da Silva. Resulta que houve mais de uma editora, isso devido principalmente ao fato que Padre Cícero é talvez o tema número um de todas as poesias religiosas da literatura de cordel! E os compradores desses folhetos são os próprios romeiros chegando pelos milhares cada ano à cidade, mercado fértil para os editores e autores de folhetos e romances.

O Poeta – Astrólogo Manoel Caboclo e Silva, Juazeiro do Norte, Ceará

Entrevistei primeiro o autor, editor e astrólogo Manoel Caboclo e Silva na sua residência. Além de escrever um folheto de vez em quando (não era o seu forte), vivia de fazer horóscopos e publicava um almanaque anual em forma de livro de cordel. Acontece que sempre, sempre na história do cordel, o romance ou folheto de cordel vivia ao lado do almanaque na feira, sendo o público gente camponêsa e lavradora. Manoel Caboclo era muito simpático comigo, recebendo-me bem na casa humilde. Tempos depois comprou o estoque de outro editor cearense conhecido e vivia publicando as obras dos dois (o outro era Joaquim Batista de Sena, conhecidíssmo na região). Manoel, pois, entrou em um capítulo da tese doutoral com uma boa entrevista, suas repostas às perguntas também acabando no futuro <u>Pedra do Reino</u> do afamado Ariano Suassuna.

Antes de entrevistar o mais conhecido José Bernardo da Silva em sua casa (e tipografia) me desviei um pouco a conhecer a outra cidade no Vale do Cariri, a próspera cidade de Crato. Linda, mais desenvolvida e "bonita" do que o "primo pobre" do Juazeiro, e com certa atitude de desdém ou até preconceito para com Juazeiro ("cidade de romeiros sujos" me contou uma pessoa), tinha até faculdade e um folclorista famoso na região, o Dr. J. de Figueiredo Filho quem me ajudou com "dicas" sobre a pesquisa.

A maior editora da literatura de cordel em todo o Brasil em 1966 ficava em Juazeiro do Norte, uma das razões que fizera a viagem. O dono era José Bernardo da Silva, um homem preto que migrara a Juazeiro no começo do século XX. Comprou uma parte significante do estoque do "empresário de cordel" do Recife, João Martins de Atayde quando este cumpriu 80 anos e não mais podia manter a editora no Recife. O interessante é que Atayde tivesse comprado os direitos de muito da obra do grande Leonardo Gomes de Barros, o pioneiro e ainda hoje "melhor" poeta de cordel segundo muitos. Assim resultou que Zé Bernardo do pequeno Juazeiro do Norte controlava discutívelmente o melhor estoque de romances do cordel até a data, incluindo muitos dos "clássicos" do gênero. Comprei diretamente na gráfica uns duzentos romances velhos do cordel, os mais velhos levando datas de 1940, uns dos 1950 e muitos ainda impressos regularmente nos anos 1960 (mas a data da editorização não é necessariamente a data de origem do romance; pode simplesmente indicar nova tiragem). Desde minha visita em 1966, Zé Bernardo morreu, a gráfica passou às filhas, e logo a outros que dificilmente hoje em dia tentam manter a velha tradição. Mas, ainda em 1966 tinha três máquinas impressoras mecânicas, vários empregados e imprimia romances e folhetos que acabavam sendo vendidos em todo canto do Nordeste e até no Rio e São Paulo no Sul.

Entrevistei Zé Bernado na casa dele, graças à apresentação do amigo Leônidas da farmácia. A casa era mais cômoda do que a normal de um poeta ou pequeno editor do cordel (indicando o êxito relativo do Zé Bernardo), localizada ao lado da tipografia. Era simpático o homem, lembrando os dias do Padre Cícero e o trabalho da gráfica; me lembro que cuspia numa lata no chão emquanto falava. Era um tanto fechado nessa noite, daí não tirei grandes novidades da entrevista, mas o mero fato de estar com ele conta muito da minha odisséia pelo cordel esses 45 anos. Talvez a falta de fatos fosse devido à maneira de trabalho na sua tipografia. Todos os grandes romances do finado Leonardo Gomes de Barros e logo João Martins de Atayde sofreram de uma pérdida de autoria devido ao processo de editorização do Zé Bernardo. As vezes, colocava o nome do autor verdadeiro na capa do romance, mas, muito mais, colocava o nome do autor e em baixo, "José Bernardo da Silva, autor-proprietário". Mas, há casos quando omitiu totalmente a menção do autor verdadeiro, colocando "José Bernardo da Silva" sozinho na capa. Mas, o leitor deve saber que nesse mundo comercial do velho cordel, assim era entendido por todos: uma vez comprando os "direitos autorais", o novo editor teve, sim, o direito de colocar o que quisesse na capa, propriedade paga! Mas, por outro lado, devido a esta prática, custou muito trabalho e dedicação na parte de pesquisadores a averigüar a autoria certa de uns romances da tipografia.

Mark J. Curran

Lembrando Padre Cícero

No outro dia visitei o Museo do Padre Cícero; lá se vêem a vestimenta para a missa, grandes quadros e retratos do padre e seus pais, e bens pessoais como uma velha vitrola. Lembro-me da cama tão pequena do Padre, um baixinho desses. Também no museo havia muitos dos presentes doados ao Padre para "pagar promessa" por graças recebidas (se alguém estivesse doente ou com outra necessidade e rezasse ao Padre pedindo intervenção ou ajuda, e ficasse bem, teria a obrigação de ir a Juazeiro, se possível, e pagar a promessa). Entre presentes finos havia louça fina, jóias, e, artigos de couro. Também havia o modelo arquitetônico da Igreja feita por Padre Cícero, Nossa Senhora da Conceição. Vendiam-se aos turistas rosários, medalhas religiosas, bentos, tudo "retratando" o bom padre.

No mesmo dia fui ver a tumba do reverendo na capela da Conceição; em frente dela há uma praça com uma espécie de vitrine (de vidro) enfeitado com "fitas" e flores. Ao outro lado dessa vitrine fica o átrio, ou "pátio" da igreja que tinha a capela com a tumba. A área estava totalmente cheia de gente, rezando ao Padre, quase todos muito pobres de aparência, uns sujos e em farrapos. Mendigos havia muitos. A capela em si era muito simples em estilo, com estrelas pintadas nas paredes e no teto, cada qual indicando a doação de certo indivíduo ou família pela construção ou manutenção da capela.

Mais tarde fui ao lugar mais interessante ao gringo pesquisador – a famosa "Casa das Promessas". Era ali que os romeiros que vinham a Juazeiro em setembro ou outubro a pagar promessas terminaram sua jornada e cumpriram com a promessa, romeiros de todo o Nordeste e muitos de outras partes do Brasil. Como já disse, a cidade dobra de gente durante a romeria, coisa encorajada pela prefeitura por motivos econômicos, isso apesar da grande maioria dos romeiros serem humildes e pobres, vivendo e até dormindo nas ruas ou nos ranchos de romeiro já falados. Vêm agradecer uma graça ou o mais provável, pedir outra – uma cura de doença, por exemplo. Mas, não faltam casos de gente extremamente rica e políticos conhecidos que vêm pedir os mesmos favores, e, alguns deixam doações significantes.

Dentro da Casa de Promessas, estava muito escura, e até suja. As paredes estavam cobertas de fotos daqueles que vieram pagar promessa, e havia uma pletora de ex-votos – modelos em gesso de pernas, braços, mãos e o tal (partes do corpo já sarados através de milagres atribuídos ao Padre). Mas, o que fez arrepiar ao gringo foram as velhas beatas, vestidas de preto, arrugadas, umas sujas, que me pegaram pelo braço, quase "uivando" na voz estridente, oferecendo uma reza ou "contar a história do Padre" por uma esmola. Pareciam "harpias gregas", essas beatas "profissionais" que vêm, como abutres, às casas de gente recém falecida, a chorar, gritar, uivar e rezar. Iria ver coisa semelhante vezes depois no Brasil, na beira do Rio São Francisco no santuário do Bom Jesus da Lapa, e, no Bomfim em Salvador, mas esta primeira vez, e talvez devido à pobreza mais visível, me afetou bastante. Esqueci de dizer – aquela primeira manhã de minha estada em Juazeiro, na praça principal de Juazeiro ouvia algo muito mais "doce" -o canto altissimo de mulheres rezando na Igreja de Nossa Senhora das Dores, um som que nunca vou esquecer, indicativo da religiosidade profunda no lugar.

Já às 8:30 da noite, as ruas de Juazeiro estavam vazias, o ar de agosto muito quente e calmo, e também seco. O que parecia ser uma vila sem vida noturna e, sim, um ambiente pesado de religião, conservador (coisa que me lembrava muito os contos de Juan Rulfo no México), era, realmente, outra coisa, coisa indicativa de uma vida mais simples, mais velha no interior do Nordeste. Muita gente se juntava nas várias praças da cidade a conversar até que o ar quente da noite se refrescasse e as casas ficassem mais cômodas a dormir. Já a televisão tinha chegado, mas, nem todo mundo tinha em casa; era comum ir à casa de um vizinho a ver o jornal nacional ou a novela (um folheto de cordel da época bradou em contra "a novela das nove" reclamando da mudança de velhos costumes e mores sociais, até o fato do padre ter que mudar a hora de missa para não atrapalhar a hora da novela!) Mas, o pessoal trazia cadeiras à calçada fora da casa, para conversar, tocar violão, ou até namorar. Várias vezes atrás dos anos gente no Brasil me tem contado de uma cena similar na sua juventude no interior, mas, também com gente juntada a ouvir uma leitura de um romance gostoso do cordel.

Mas, também na cidade havia "boites" para a juventude, uns de má fama e dois cinemas no centro. Crato, mais "ilustrada", era conhecida por uma vida noturna mais viva e "progressista". Assisti uma festa, baile de "arrasta-pé", com música de baião e samba mas também com a nova "iê-iê-iê" de Roberto Carlos que chegara também a este fim do mundo no alto sertão do Ceará. De passagem, a competência entre as duas cidades de Juazeiro e Crato não é mentira; ainda existem sentimentos fortes em Crato lembrando a Guerra do Cariri em 1914 quando Juazeiro foi cercado por soldados do governo, e os partidários do Floro Bartolomeu, parceiro politico do Padre Cícero, e uma banda de romeiros derrotou tropas do Estado e chegaram até a capital em Fortaleza, tomando controle do governo do Estado, Floro logo virando deputado federal.

A Missa Commenorando a Morte do Padre Cícero

A Capela e a Multidão

No 20 de agosto, amanheci às 5:30 a assistir missa na Capela de Nossa Senhora da Conceição, que tem a tumba do Padre Cícero. Literalmente milhares de romeiros estiveram presentes, a multidão dentro da igreja saindo pelas portas ao patio, até com gente de pé nas altas janelas da igreja. A maioria era, mais um vez, de aspecto pobre. Depois da missa, voltei a "Casa das Promessas" onde uma beata muito velha, arrugada, com face e dentes amarelos e olhos pequenos, pretos e penetrantes, vestida de preto com xalé preto, me pegou fortemente pelo braço. Murmurou "conselhos" à juventude, supostamente citando o Padre Cícero. Acontece que o padre morreu no 20 do mes de julho de 1934, daí no dia 20 de cada mês há comemoração na praça. Depois, nas ruas, havia mendigos cantando rezas, vendendo "bentos", pedindo esmola. Aí tive uma experiência realmente "folclórica": um homem cego tocava e logo cantava rezas do Padre, acompanhândo-se de rabeca, a rabeca um velho instrumento do sertão com origem no mundo árabe. Interessou porque uns dos cantadores nordestinos mais velhos, no século 19, usaram a rabeca a acompanhar os desafios, isso em vez da viola de 10 cordas em tempos mais modernos. Assim escutar rabeca nesta circumstância foi uma raridade gostosa. Experiência inesquecível.

Completei a odisséia do Padre em outra manhã indo visitar o Horto, o grande complexo religioso com igreja gigantesca, produto da fama e desejos do Padre.

O Sítio de Leônidas e o Cigarro de Palha

Também tive o prazer de visitar um sítio um pouco fora da cidade, terreno do amigo Leônidas, a primeira vez que tivera a oportunidade de visitar o tal no Brasil. Havia manga, carnaúba (a cera anos atrás utilizada na fabricação de discos) cuja palma se usava a fazer chapéu, coqueiros, limoeiros, cana de açúcar, arroz, batata doce, tomate, algodão, banana – a terra dava de tudo. O solo do Vale do Cariri é excelente, muito fértil, mas depende totalmente de irrigação, de nascentes. Houve fatos interessantes para o gringo, filho de granjeiro de Kansas: o arroz se sembra em dezembro e a colheita em abril; a bananeira nova produz dentro de um ano, mas há de ser cortada e aparada a produzir fruta melhor. O algodão se planta em dezembro ou janeiro, a colheita em agosto; a cana se sembra a qualquer hora e produz em 8 a 10 meses, e, o coqueiro leva 8 a dez anos a produzir. Toda a colheita desse sítio é vendida localmente em Juazeiro. Depois falaremos da modernização e mecanização da agricultura brasileira e os efeitos nos lavradores pobres, os hoje em dia "sem terra".

Foi também em Juazeiro onde vi a primeira e única briga de galo no Brasil, isso em um prédio grande com arquibancadas para o público. Era cena de muito sangue, homens machos bebendo, suando, e apostando, com maços grossos de dinheiro na mão. Ambiente tenso, excitante, só acabou mal para o galo com a cabeça estrelaçada e o dono cabisbaixo com menos grana na mão.

Depois de tudo isso, missão comprida, não agüentei a idéia da volta de ônibus e gastei os meus parcos cruzeiros em um vôo da terceira classe na Varig, avião DC-3 até Recife. (Essa já é outra história -- toda a odisséia de voar que tive nesse ano louco de pesquisa, ano de alegrias e às vezes, tristeza e saudade de casa). Mas, foi uma primeira boa lição e experiência vendo o cenário do importantíssimo Padre Cícero Romão e sua importância na literatura de cordel.

Intervalo: o Gringo Conhece o Xangô, Dia de São Bartolomeu, 24 de agosto, 1966

Já falei do som dos atabaques que ouvia de noite desde o ateliê de Olinda, isso nos primeiros dias em Pernambuco. No meu papel de estudante da cultura brasileira não podia deixar de me interessar pela religião afro-brasileira, especialmente a tocante à literatura de Jorge Amado na Bahia, e, de fato, esta crônica terá vários "toques" respeito ao assunto. Mas, esta noite, no dia de São Bartolomeu, seria especial. No Xangô ou rito africano no Recife, o dia de São Bartolomeu também é o dia do diabo ou Exu. O terreiro se localizava em um dos morros de Olinda, inclusive com vista do mar e cercado de altas palmeiras. O salão principal era grande, sem movéis, além de bancadas pequenas para visitantes ao culto. Mas, havia outras salas no terreiro, uma de atrás onde o pai de santo fazia "consultas" particulares, e outra, a cozinha, onde se preparava a comida para a cerimônia, e ainda outra, onde as filhas do santo vestiam e "descansavam" depois de serem possuídos pelos "santos".

O pai de santo deste terreiro era muito conhecido e um tanto controvertido na área, de nome "Edu, Pai da Terra". (O éxito de Edu e seu papel controvertido cresceram através os anos; uma visita que fiz em 1989 comprovou isso.) Notei que tinha um fuscão novíssimo fora da porta do terreiro, evidência talvez do aspecto financeiro do mestre.

O ritual começou com bailes das filhas e filhos do santo, em círculo, e cantos, primeiro por Pai Edu, logo repetidos pelos participantes, um entre eles dizendo "Sem Exu nada se faz". O pai de santo estava resplendente em uma "capa" de terciopelo vermelho, com uma "sobre-capa" negra; e as filhas de santo não eram menos impressionantes em saias lindas de cores variadas, cada qual variando segundo o santo "padroeiro", a cor de Exu sendo vermelho, azul para Iemanjá, branco para Oxalá. Usavam blusas brancas de fina renda, colares, pulseiras e outras "jóias" finas, e uma espécie de turbante branco na cabeça. Havia também filhos de santo, homens vestidos em branco, que bailavam e cantavam.

Tudo ia acompanhado pelo ritmo dos atabaques tocados por rapazes também em branco, cada batuque variando segundo o canto dirigido a santos diferentes. Todos obedeciam a direção de Edu, ele liderando em voz bela, e, depois vinha a "resposta" dos outros. Depois de um tempo as filhas e filhos, devagar no começo, começaram a "cair no santo", isto é, serem possuídos pelo santo, ou, na sua linguagem, já "cavalgando o santo" neles. Aí variava o assunto. Umas, começando a dançar mais rápido, às vezes, de maneira quase frenética, quase pareciam a "se convulsar", as mulheres gritando e "uivando".

Umas ficaram totalmente quietas, os olhos meio esbugalhados, rolando na cabeça, ou em um olhar fixo. Tudo isso, para o gringo, além de interessante, foi de arrepiar o cabelo deste seu servidor. Houve um "dar tapas" ritual, umas mulheres parecendo tapar as faces de outras filhas, e ainda outras se abraçando. Ao chegar uma dessas perto de mim, a mais gorda de todas, quase que dei o fora pelo susto que me deu! Tudo isso parecia passar em uns trinta minutos, umas das filhas possúidas sentândo-se quietas, umas sendo retiradas da sala por outras, e só voltando, já calmas, tempo depois, para voltar ao círculo de baile.

Em um determinado momento, trouxeram grandes panelas de comida (para os deuses e os bailarinos) -- farofa de mandioca, galinha, e cerveja para a sede, tudo oferecido depois aos visitantes. Depois fizeram uma coleta ou oferenda pelo público.

Eu fiquei meio abismado com tudo que vi -- as mulheres de cabelo arrepiado, olhos esbugalhados, gritando, uivando, e quase se convulsando; grandes senhoras negras suando a bicas, o cabelo se estirando como raios da cabeça. Deu um susto, sim senhor, e me perguntei se estivessem capazes da violência. (Há de lembrar que ainda não tinha estudado eu as régras do culto, coisa que ia fazer mais tarde na Bahia.) Para o turista ou interessado estrangeiro, a cena parecia que veio diretamente do famoso filme "Órféu Negro" quando Órféu foi para a umbanda procurar a Eurídice desaparecida! E, houve um outro momento especialmente arrepiante naquela noite de Xangô: um senhor já evidentemente "caído no santo" dançava com passos cada vez mais rápidos, quase "correndo" através a sala e parecendo subir as paredes da mesma! Este gringo, que já era um dos mais brancos do lugar, virou que nem o fantasma "Cáspar". Assustado, mas não passando nada demais, fiquei não um pouco aliviado ao retirar-me mais para trás no banco, esperando as filhas voltarem ao normal.

Edu mesmo, o chefe da sessão, era impressionante, comandando a atenção da "platéia", parte do tempo parecendo também haver "caído no santo". Mulheres idosas, homens maduros, rapazes e finalmente, várias meninas, vestidas igual às senhoras filhas de santo, todos participavam. Começara o ritual a umas dez da noite e continuou até a alta madrugada. Assim foi a minha introdução ao culto africano neste ritual de Xangô em Olinda! Como ia me aconselhar o mestre Luís da Câmara Cascudo nesses dias, o pesquisador não devia ficar no gabiente, e este foi um passo tímido a seguir o conselho.

Viagem a Região Açucareira da Paraíba: os Engenhos da Família de José Lins do Rego, setembro de 1966

A viagem foi arranjada por um contato profissional, um professor da Universidade da Paraíba em João Pessoa, o senhor Júarez Batista (amigo através da professora Doris Turner da Saint Louis University, USA). O bom professor arranjou não só transporte e motorista pela universidade mas fui acompanhado por nada menos que Altimar Pimentel, jovem folclorista e escritor de renome na região (e uma amiga dele que fizera o papel de Zefa Catete, a "mulher generosa" e amiga de Zé Lins no filme "Menino de Engenho"). Altimar Pimentel seria o responsável pela coleção de 5.000 contos populares orais pela UFEPB, todos eles sendo transcritos para uma antologia permanente, contribuição enorme ao folclore da região.

Mark J. Curran

Situando José Lins do Rego

Vale a pena situar o escritor José Lins do Rego desde a perspectiva tanto do Americano pesquisador quanto da literatura brasileira. Já foi comparado por "Brasilianistas" nos EUA ao nosso grande William Faulkner, e, há realmente umas semelhanças. Lins do Rego com seu famoso "Ciclo de Cana de Açúcar" recriou em ficção a estória do sistema colonial de fazendas de cana de açúcar no Nordeste; William Faulkner fez uma coisa parecida com o velho sistema semi-feudal e vida de fazendas do Suleste dos Estados Unidos. O estilo do Zé Lins não chega à ousadia e talvez o talento de Faulkner, mas, não está longe – o uso do monólogo interior e a descrição sendo os fortes daquele. Pois Lins do Rego era filho da aristocracia açucareira nordestina, filho dos engenhos, bangüês e usinas, e seus livros realmente são a manifestação literária do fenômeno, paralelo à descrição sociológica do Gilberto Freyre em "Casa Grande e Senzala" e outras obras.

Assim foi extremamente importante conhecer a região, sendo eu estudante da grande literatura e cultura brasileiras, isso àparte do meu interesse na literatura popular em versos do cordel. Acontece que Lins doi Rego, sim, utilizou muito da cultura popular da região, inclusive versos na memória popular, principalmente dos cantadores (fato descrito por Manuel Cavalcanti Proença em introdução a um dos seus romances). Mas, estive de olhos abertos a qualquer "cheiro" de cordel, coisa que veremos adiante.

A região é ondulada e cheia de grandes rios, os morros cobertos de cana de açúcar que move no vento e parece um grande mar de verde. Há, de fato, lugares onde só se ve cana de açúcar, um mundo disso! (Vi o mesmo cenário em outra viagens, no sul de Pernambuco, caminho a Alagoas, e anos depois no interior do Estado de São Paulo, caminho a Lençois Paulista com seus velhos engenhos e grandes usinas modernas).

A Casa Grande da Fazenda de Cana de Açúcar da Família de José Lins do Rego

Capela da Mesma Fazenda

A Fazenda Itapuá, O Oiteiro, Trabalhadores de Eito e a Várzea

Visitamos primeiro a velha fazenda de Itapuá que pertencia ao coronel político da região, o coronel José Paulino nos romances de Zé Lins, avô do mesmo. Dera a fazenda a uma de suas filhas, tia de Zé Lins, como presente de casamento. Uma filha dela era dona da mesma quando visitamos. O bangüê original foi construído em 1819 e ainda está em serviço. A casa grande é magnífica, mas estava em estado de abandono em 1966; a seu lado havia uma velha capela, sempre presente nas fazendas tradicionais. O prédio em uso em 1966 como residência, recentemente remodelado, caiado e com antena de televisão, ironicamente, foi a velha senzala, antes a hospedagem de escravos. O conjunto de prédios fica em cima de um morro, cercado por campos de cana de açúcar, estes regados pelo Rio Paraíba. Todas essas terras que íamos ver eram do Vale do Paraíba. As terras em cima do vale originalmente eram mata, inúteis até derrubada a maleza (o leitor de literatura brasileira vai lembrar a limpeza das grandes matas na zona de cacau nos romances de Jorge Amado nos anos 1930 e 1940, em "Cacau" e "Terras do Sem Fim", etc.) Mas, as terras do vale são fertilíssimas e ricas, terra de "cana caiana".

Trabalhadores de Eito na Fazenda de Cana de Açúcar

Fica em minha memória ainda hoje a cena dos trabalhadores de eito, época de safra, cortando a cana. Tradicionalmente entre os trabalhadores mais empobrecidos de todo o Brasil, viam-se em farrapos, descalços, e segundo o cicerone Altimar, sem receber ordenado havia literalmente meses, isso devido à crise atual na indústria. Contavam histórias de "invasões" dos armazens de povoados na cercania, isso para algo de comer. Cenas parecidas estão nos romances do Zé Lins e também em "A Bagaceira" de José Américo de Almeida. A revista "Realidade" reportou a crise tempos depois no cenário nacional.

Depois, visitamos a fazenda "Oiteiro", fazenda original do esposo da Maria da ficção de Zé Lins, a casa grande refeita e linda avistando campos vastos de cana. Passamos pela pequena vila de São Miguel que aparece regularmente nos livros do Lins, conhecida por sua feira semanal.

A Várzea do Rio Paraíba

Atrevessamos o Rio Paraíba, lindo, exatamente como o imaginara eu na leitura desses romances, 5.000 milhas distante, na biblioteca da universidade nos Estados Unidos. Durante a viagem, vez tras vez me impressionou que as minhas imagens de leitura fossem tão parecidas ao cenário real, isso antes de ver a área, fato que diz muito dos poderes de descrição do autor Lins do Rego. Na beira desse rio pernoitavam vaqueiros, cangaceiros, e, errava Zé Amaro de fama de "Fogo Morto". Na época seca, as ribeiras e o chão do rio, antes cobertos de água, são usados para roças de legumes, aproveitando o mesmo solo coberto d'água durante a época de chuva e cheias do rio.

O Engenho Corredor

Casa Grande do do Coronel José Paulino do "Menino de Engenho" de José Lins do Rego

Depois chegamos ao Engenho Corredor, o engenho e casa grande principal nos romances de Zé Lins, propriedade de José Paulino, o chefe politico da área e avô do romancista. Em 1966 era administrado por João Lins, primo de Zé Lins, mas já é propriedade de outros. Filmaram "Menino de Engenho" nesta propriedade. A Casa Grande estava em boas condições, embora não refeita e tinha uns dos móveis originais, incluindo a cama na qual nasceu Zé Lins. Todos os quartos da casa, talvez 15 em total, são conectados. Os móveis me pareciam duros e incômodos comparados com o nível de comforto acostumado em situação semelhante nos EUA, umas peças empalhadas de jacarandá – cadeiras rectas rígidas, cadeira de balanço, sofá e o tal. A sala de estar era muito larga, de chão de madeira poluída, e com velhos retratos de família (século 19) nas paredes e janelas abertas a uma varanda longa afora. (Nota pessoal: serviram ao convidado pesquisador uma gulosia regional: mel de açucar com farinha e em um prato que parecia gigantesco. Experimentei e deixei, me desculpando, o estômago gringo não podendo apreciar a oferta, lamentávelmente).

Imediatamente atrás da Casa Grande ficava a casa da purga onde o líquido açúcar fresco é secado. O liqúido é derritido em molduras de madeira, chamadas de "pão" ou "pães". Foi nesse momento que apreciei o nome Pão de Açúcar no Rio de Janeiro, antes não podendo fazer a relação entre a grande pedra na Bahia da Guanabara do Rio e o mundo afora. Mas, está claro que a forma da pedra se assemelha ao velho pão de açúcar dos engenhos de séculos atrás. Quando seco e já duro, o pão é virado e um "pão" sólido de açúcar é revelado, um metro e pouco de altura, meio metro de grossura.

Fazendo rapadura, a Casa de Purga

Também vimos a "casa da moagem", a parte básica do engenho onde a cana é moída. Umas dúzias de trabalhadores, velhos e jóvens, suavam na moagem. O engenho produz agora só rapadura (a dura "pedra" de açúcar usada de sobremesa ou para adoçar café ainda no interior). A razão é que a fazenda pequena com o engenho velho não pode fazer concorrência com as usinas modernas que fazem a verdadeira produção de açúcar no Nordeste. As usinas compram a cana dos engenhos velhos e pequenos (ver outra vez os romances de Zé Lins, especialmente "Usina".) Se lembro bem, o processo foi assim: a roda de moagem (movida por animais) virava e o líquido da cana saía da cana, logo descendo de uma "rampa" de concreto na forma de "caldo", um líquido verde, e caía em tanques circulares que se esquentavam. Depois o líquido era tirado desses mesmos tanques com uma grande "colher", agora uma substância pegajosa e derritido em formas quadradas a secar. As formas me pareciam tijolos de "ouro" pela cor parecida. Quando dura, o líquido já virava uma cor escura, quase preta. Esta já era a rapadura que todos conhecem, vendida em blocos nas barracas de feira. Fora da casa de moagem ou moinho havia um "morro" de bagaço, bi-produto do processo, naqueles anos usado para forragem de gado.

O Engenho "Santa Fé"

Depois do engenho "Corredor", passamos por outra casa grande, aquela do velho "Santa Fé"; pertencia ao Coronal Lula de Holanda na obra-prima "Fogo Morto". Agora propriedade da família Lins, também administradores do "Corredor". Em más condições, decadente e quebrada, nada impressionante em comparação às outras casas grandes, a casa do Santa Fé, mesmo assim, cabia bem na visão do leitor que conhecia a triste história de Lula de Holanda na ficção de Lins do Rego.

A Vila de Pilar

A Vila de Pilar, Atacada pelo Cangaceiro Antônio Silvino

E, já perto do fim da viagem, chegamos a vila de Pilar, de uma rua principal de paralelepídedos, igreja pequena na praça. Outra vez, quase exatamente como a imaginara nas leituras de universidade nos EUA, esta era a vila da ficção de Zé Lins onde o cangaceiro Antônio Silvino invadiu, tomou a cidade, e jogou os cofres de tendas pequenas à rua para os pobres pegarem as moedas derramadas das mesmas. Mais uma vez, senti o arrepio de juntar literatura e vida verdadeira. A praça de Pilar ia, mais tarde, ser lembrada, ao conhecer tantas outras vilas pequenas em viagem de pesquisa – façáda simples de igreja, praça com pequeno jardim de flores, mas tudo muito simples e de aspecto geral pobre (tantas vezes na literatura de cordel os poetas vão "pintar" as vilas exatamente assim, mas, talvez acrescentando como sinal de progresso o fio elétrico de luz e jardins bonitos em frente das prefeituras. Até mesmo o inferno é assim descrito pelos poetas de cordel; ver "Lampião no Inferno" de José Pacheco).

E, finalmente, chegamos a Itabaiana, pequena cidade de muito comércio na região, ainda com a feira maior local e ainda freqüentada por poetas de cordel nos anos 1960. A cidade era mais grande e de mais comércio do que Pilar, talvez do tamanho de Guarabira. A única nota triste – perdi um encontro com um poeta bom e respeitado da vila, Caetano Cosme da Silva, que naquele dia estava de trabalho na feira de Campina Grande, uma perda lamentável para mim.

Pois, foi uma viagem importante para o pesquisador, essa de ligar literatura com vida, privilégio muito agradecido à Universidade Federal da Paraíba e sua gentileza. Acontece que o mundo geográfico de José Lins do Rego, sim, é pequeno em relação ao tom épico do Ciclo de Açúcar; as distâncias verdadeiras entre um engenho e outro são pequenas. Mas, foi um grande momento da estada essa no Brasil. (De passagem, uma nota meio folclórica – o motorista do carro insistiu em me chamar de "capitão", "doutor" e até "coronel" – fato não ignorado por este leitor de literatura e cultura nordestina.)

Viagem a Natal, Rio Grande do Norte, e o Mestre Câmara Cascudo, 28-29 de setembro, 1966

Meu propósito, mais uma vez, era colecionar romances e folhetos de cordel e também me encontrar com o mestre Luís da Câmara Cascudo, chefe dos folcloristas brasileiros e escritor pioneiro sobre a velha literatura de cordel. Ouvira-lhe palestrar em uma conferência excelente no Instituto Joaquim Nabuco de Pesquisas Sociais no Recife, mas, agora, queria tempo juntos para falar da tese. Câmara Cascudo tem vários dos livros básicos sobre a poesia popular nordestina, é pioneiro no estudo da mesma, e seu "Dicionário de Folclore Brasileiro" é uma obra sem par no campo.

O Roteiro

Peguei ônibus desde João Pessoa, na Paraíba, a estrada razoalvelmente boa e pavimentada até Guarabira e logo Sapé na Paraíba. Dei uma parada rápida em Guarabira para conhecer a Folhetaria Pontes, tipografia importante para a literatura de cordel tanto na região como para poetas de feira do Rio de Janeiro ou até São Paulo que encomendaram a impressão de romances e folhetos à mesma. E fui à feira do lugar, feira quente, poeirenta, mas que me cedeu entre outros poemas do cordel, um, o mais vitriólico em sentido anti-americano de toda a coleção minha, passada e futura. "Carta a Míster Kénnedy" era um poema de propaganda de pseudo-poeta popular cujo texto realmente de propaganda da esquerda se mistura com o cordel "legítimo" tradicional de feira. O folheto de propaganda política paga é uma coisa normal na literatura de cordel, dos dois extremos, direita e esquerda. Este folheto reclamou do capitalismo e imperialismo internacional dos Estados Unidos da América, o papel do regime de Kennedy e seu fracasso em Cuba, isso junto a uma grande louvação a Fidel Castro e a luta capitalista-socialista nos vários países da América Latina. Terminou com o verso em letras maiúsculas, "LIBERDADE? PROGRESSO? SÓ DEPOIS DE TE EXPULSAR"! É, pois, um folheto atrevido - "prato perigoso" nas palavras de um poeta do cordel legítimo, tema a não ser tocado sem perigo por ele, e evidentemente, feito por "politiqueiros" para a feira.

Falando de "prato perigoso", de passagem vem à tona uma anedota de pesquisa, e comentário geral da época. Nos anos 1960, acreditava-se no Nordeste que todo norteamericano fosse rico, simplesmente pelo fato de ser da terra de Tio Sam. Embora eu tivesse bolsa de estudo que desse para as despesas normais, isso com muito cuidado, não tinha outros fondos. Pois bem, nesses dias no Nordeste havia grandes livrarias de sebo (também no Sul) que tinham contratos com grandes universidades e bibliotecas dos EUA, recebendo quase "carta branca" ou "cheque em branco" para os livros que conseguissem a satisfazer o apetite voraz dos gringos. Sabendo de minha presença no Recife, e que era Americano, me ofereceram vir a João Pessoa e ver a coleção formidável de literatura de cordel de um jornalista local, já à convite de viúva.

Pois, com só a quantidade disponível de uns $50 US no bolso, peguei ônibus e fui ver a coleção, realmente de alta qualidade. Mas, antes de ver o material, a boa senhora me convidou a comer uma das "delícias" da terra – um prato gigantesco de gerimum em leite quente. Acho que já comentei o estômago delicado de gringo, mas, nesse caso, se quisesse ver folhetos e não ofender a anfitriã, teria de comer e comer tudo! Só podia pensar no famoso conto de Monteiro Lobato, "O Fígado Indiscreto", estória de um rapaz encabulado e inocente que não agüentava nem a vista de fígado mas teve que comer e comer bem do mesmo em uma céia onde fora apresentado como noivo à família da noiva! Pois bem, agüentei o prato, vi a coleção e devia levar uns trinta ou quarenta títulos pelos dólares. Ouvi, depois, grande boato – que "um Americano" tivesse levado o melhor da coleção, assim "roubando" a viúva. Só posso dizer em minha defesa que os folhetos foram poucos, e não me aproveitei da viúva, e em fim, gastei tudo que tinha.

Daquele ponto da Guarabira, com destino ao Natal, foram quatro horas do pior caminho que experimentara até aquele ponto no Brasil (incluindo a viagem a Juazeiro do Norte já descrita), uma viagem de "puro folclore". Atravessamos riachuelos pequenos, o motorista a interromper a viagem a parar à beira do caminho, conversar com velhos (e novos) amigos e paquerar as moças ao longo do caminho. Ao entrar no Estado de Rio Grande do Norte, a terra se virou um solo extremamente seco com plantações muito pobres de algodão, em grande contraste à verdura da zona da mata de Pernambuco e Paraíba, terra de cana caiana.

Já em Natal, hospedado em um modesto hotelzinho ao lado da rodoviária, no outro dia peguei ônibus para o bairro de Alecrim com o propósito de conhecer e converser com um tal de Mário Brito na sua folhetaria (informação e endereço pegos da contracapa de um velho folheto de cordel comprado no Recife). Pois encontrei o lugar e o homem que teve um estoque grande de poemas de autores do Rio Grande do Norte e muitos do Ceará (a maior parte que já possuía eu). Mas, a área de guardar os frágeis livrinhos era mesmo um porão muito húmedo, escuro e literalmente "pavimentado" de livros de cordel, estes sofrendo muito pela mofa. O senhor Brito, "agente" do cordel fazia tempo, datava da época áurea de João Martins de Atayde no Recife dos anos 1920 a 1959; na casa dos 70, já estava quase cego pelas cataratas nos olhos. Mas, do encontro o pesquisador devia levar uns 70 títulos novos à casa no Recife.

Encontro com Luís da Câmara Casudo – Mestre do Folclore Nordestino

Naquela tarde houve um grande momento na vida minha – o encontro com Luís da Câmara Cascudo no seu casarão em cima de um morro cuja mesma ladeira ia à estação rodoviária. O professor Cascudo tinha seus 70 e poucos anos; estava ficando cada vez mais surdo, com pestanas e cabelo cinzentos e espessos, mas, ele, a pessoa, cheio de energia e entusiasmo. Notei a grande placa na porta de sua incrível biblioteca – Escritório em Honra do Serviço Feito à Sociedade Histórica do Rio Grande do Norte, ao Estado e à Nação! Escrevera mais de cem títulos e ainda escrevia, isso em 1966. Encontrei-o de camisa de manga curta, com o famoso charuto na mão. De olhos claros, mas com um olhar penetrante e forte, um fechar dos lábios antes de acentuar uma palavra ou idéia, ou talvez para pronunciar as palavras do português mais nítido e simpático que ouvira eu no Brasil. Talvez pelo costume de ser professor e lecionar tantos anos, teve o costume de falar e conversar, de pé, tomando pequenos passos à direita, de volta à esquerda, levantando a mão no ar, o dedo em ristre apontando p'ra cima, isso para enfatizar um ponto, e também me pegando de vez em quando no hombro para enfatizar um ponto. Deu grandes lições em pouco tempo.

Luís da Câmara Cascudo falou do grande e imprescindível valor da pesquisa de campo para o folclorista e seu menosprécio pelo "pesquisador de gabiente" que só consulta um ou dois artigos ou livros antes de escrever suas teses. Louvou a pesquisa de campo que tivera eu feito até a data. Dirigindo-se ao tema do momento, os poetas de cordel e os cantadores de feira, falou da experiência pessoal com cantadores famosos do Nordeste, dos velhos que ainda improvisavam em "quadras", ou "versos de quatro pés"; de Fabião das Queixadas, escravo que ganhou a liberdade pela cantoria; de outras experiências e poetas que conhecera emquanto crescia e madurava em RGN. Falou da velha rabeca usada a acompanhar o cantador, isso antes dos poetas começarem a usar a viola, isso já nos anos 1960. A rabeca, segundo Cascudo, vem da verdadeira tradição do trovador, da Provence da França. Contou do contato e amizade pessoal com o grande Leonardo de Barros, o mais famoso dos poetas da velha literatura de cordel no começo do século XX (um capítulo da minha tese de doutoramento trataria o poeta, capítulo logo aparecendo no livro "A Literatura de Cordel" de 1973 e um ensaio que ficou na ótima companhia dos grandes estudiosos do cordel pela Casa de Rui Barbosa em 1973 quando tratei a poesia satírica do Leandro). Para Cascudo, Leandro era já em 1914 o maior dos trovadores do Nordeste!

Falou das mudanças na poesia popular, da cantoria ou peleja dos velhos poetas à dos cantadores modernos; dividindo-os cronologicamente em duas categories – antes de 1910-15 e depois. Criticou os estudos que não fizessem tal divisão, notando uma diferença medonha entre o cantador moderno que faz "performance" na televisão ou na rádio no Rio e o cantador original que nunca saiu de sua região (citou como exemplo o caso de Inácio da Catingueira, escravo analfabeto mas grande improvisador de versos).

Cascudo falou de seus livros já feitos, os novos, e, em particular, um projeto sobre a vaqueijada nordestina. Sabendo de minhas origens, na vila de Abilene, lugar de grandes "rodeos" e da grande Vereda Chisholm de Texas para a estrada de ferro em Abilene. Os vaqueiros traziam grandes rebanhos de gado que logo iam aos mercados no leste do país. Comparamos, ao pedido dele, a vaqueijada nordestina com o rodeo norteamericano. O mestre queria entender o "bull-dogging", o ato do rodeo norteamericano quando dois vaqueiros, cada um cavalgando cavalo forte, colocam-se, respetivamente, ao lado de um boi que corre como o vento. Dai, o vaqueiro à esquerda, salta do seu cavalo, pula ao pescoço do boi, pega-o pelos chifres, e tenta virar a cabeça e trazer o animal ao solo (o ato é nomeado erradamente porque o "boi" não é o grande boi, mas, o bezerro). Em troca da "ajuda", o mestre me prometeu mandar logo o estudo quando impresso e diploma de sócio honorário na Sociedade de Folclore Brasileiro; cumpriu a promessa.

A biblioteca me deixou assombrado e com um pouco de inveja, as prateleiras de livros cercadas por arte e cerâmica da região, e especialmente, artigos d'Africa onde Cascudo fizera pesquisa havia anos e era um dos estudiosos mais respeitados no mundo na área, produzindo o livro definitivo sobre o folclore africano por um brasileiro. E, vale mencionar, na porta entrando à biblioteca havia uma gravura de tamanho verdadeiro de vida do cangaceiro nordestino, tema caro ao cordel.

O mestre estava muito vivo o tempo inteiro, parecendo pular do chão a falar de vaqueiros, cangaceiros e poetas, vibrante no papo! Homem a ser admirado e respeitado por tudo que fez pelo Brasil. Em viagens de pesquisa subseqüentes, nunca mais tive o prazer de me encontrar com ele, ouvindo dos outros do processo gradual de envelhecimento: a surdez, logo a cegueira, e, eventualmente nunca mais saindo de Natal. Exemplo não só do grande "intelectual de província", fato importante na herança cultural nacional, mas também de grande escritor e intelectual internacional, Cascudo para mim foi não só verdadeiro mestre, mas grande herói, homem que não tinha nenhuma razão de passar tanto tempo com um jovem estudante que nem conhecera antes. Modelo de professor!

De Passagem: A Aliança para o Progresso e os Tratores no Porto de Natal

De passagem, houve um incidente outro em Natal que acho de interesse para lembrar a época, reflexão dos tempos. Andava eu de turismo no porto de Natal, no cais onde havia grandes guidastes a carregar e descarregar os grandes cargueiros que vinham ao porto. Os guindastes eram gigantescos, em trilhas como estrada de ferro, assim disponíveis aos grandes navios atracados ao cais ao lado, e havia grande número de trabalhadores, fazendo-me lembrar as descrições de Jorge Amado dos negros estivadores em "Jubiabá". Havia armazéns cheios de sacos de farinha e de sal, prontos a sairem do porto (a "indústria" do sal era ínfame no RGN com condições de trabalho entre as piores na Nação para os pobres que labutavam nos poços-saleiros à beira da costa).

Pois, ao fazer esse "turismo", me topei com um norteamericano, tipo operador de equipamento pesado, quem estivera havia um ano em Natal, fazendo o serviço de motorista de grande trator "Caterpillar", especialista na construção de estradas, tudo através da Aliança para o Progresso do regime Kennedy dos EUA. Contou-me este senhor que houvera no porto uma nova carga dos grandes tratores para projetos de construção de estradas em todo o Nordeste. Cada trator custou, naqueles anos, na base de 35.000$ US (hoje em dia muito mais do que isso), isso mais o custo fenomenal do transporte desde os EUA ao Brasil. Devido ao papeleio burocrático, levou na época sete meses depois de pedido até chegar ao porto no Brasil. Mas, pior ainda, os tratores não foram liberados a serem descarregados do cargueiro transatlântico devido a mais papeleio e burocracia e a recusa de alguém (quem? não sabia) pagar o custo de transporte. Assim foi que os belos tratores ficaram expostos ao sal e dos ventos do mar, enferrujando-se no porto, e, um que pôde usar estava sem para-brisa, de espera. Cada estado no Nordeste devia receber um total de nove tratores. É só de imaginar a frustração do motorista, esperando cada dia a liberação – a dos tratores mas também a dele! Assim, tudo ficou como anedota da Aliança para o Progresso e os esforços de desenvolvimento econômico no Brasil naquela era.

Depois, fui de volta ao Recife, cumprido outro capítulo da pesquisa, no Natal do grande Luís da Câmara Cascudo, e com um maço de romances e folhetos de cordel na mão.

Viagem Breve A Maceió, Alagoas, setembro de 1966

A última das viagens de recolher poemas de cordel nesta fase da pesquisa foi uma breve viagem de ônibus do Recife até Maceió onde havia um folheteiro importante na época, um tal de Artur Pereira. Infelizmente o homem estava fora da cidade quando cheguei, mas, aproveitei para ver um pouco da mesma, vendo a lagoa de água doce e indo a um restaurante famoso pelos pratos de camarão "doce". Fiquei ainda assim com umas impressões de uma viagem tão breve a Maceió: praias lindas, porto interessante, mas a cidade muito quente e um tanto suja, pelo menos, a parte que eu conhecia. Mas, havia gente boa com quem tratei, muito hospitaleira, inclusive o agente da Varig que me hospedou no hotel da linha.

Cana Caiana

Mas, era de notar, na viagem entre Maceió e o Recife, mais uma vez, a abundância de terra fértil e as grandes fazendas de cana de açúcar quase de uma capital à outra. Acordando as 4 da manhã para a longa viagem de ônibus para chegar aquela noite ao Recife, e não podendo dormir no carro, vi com grande interesse as cenas à beira da estrada. Parecia-me a zona mais rica de cana que tinha visto no Nordeste, seja correta ou não a noção; havia campos de cana no caminho inteiro do norte de Alagoas até o Recife. A cana estava no estágio final, época de moagem; devia ter de 4 a 5 metros de altura; os trabalhadores de eito cortavam a cana a mão, deixando as folhas no chão e levando só os "pauzinhos" de cana. Eles empilharam esses em montes no campo, e, os mesmos foram logo recolhidos à mão, postos em lombo de burro e levados à beira do caminho onde mais uma vez foram colocados em caminhão para levar à usina para a moagem. Vi, em umas instâncias as pequenas "Maria Fumaças" os trenzinhos trabalhando na área, cena muito pitoresca para o estrangeiro, lembrando músicas do grande compositor Heitor Villa Lobos.

A terra me parecia extremamente fértil, bem regada, mas também quase que totalmente ondulada, coisa que não esperava na zona da mata. Vi todas as fases da cana – uma aula de ônibus – o sembrar, a colheita e o preparo do solo para plantar ainda para outra colheita. Parecia-me que a maior parte do trabalho estava sendo feita por mão de obra, homens e mulheres trabalhando no campo.

Conclusão

Foi à essa altura, fins de setembro e outubro de 1966, que acabei a fase inicial de pesquisa, tendo feito tudo que pudesse na colheita de matéria prima, comprando um estoque bastante bom e até impressionante de romances e folhetos de cordel, lendo as obras acadêmicas básicas para o estudo do mesmo, conhecendo, entrevistando e documentando visitas com poetas e editores ainda importantes, e me mergulhando na vida nordestina. Depois de uma festa de despedida pelos amigos da Chácara, uma noite de cervejada, cigarro e muitas piadas, me despedi, por enquanto (ia voltar ao Recife no final deste estágio primeiro no Brasil, isso a uns meses). Ficaram outras tarefas do plano de pesquisa no Brasil: primeiro, conhecer a grande e velha Bahia de Todos os Santos, primeiro para conhecer aquele mundo do escritor Jorge Amado e logo a ver o que havia da literatura popular em verso na região.

Acontece que ia descobrir certo preconceito na época: os pernambucos e paraíbanos não admitiam um cordel importante ou bom em Salvador. Ao meu parecer, hoje em dia, é noção errada. Resulta que Bahia teve um dos mercados mais "quentes" de literatura de cordel nos anos 1940, 50 e 60 com vários poetas radicados em Salvador, entre eles dois dos mais importantes de tempos modernos no cordel – o conservador Rodolfo Coelho Cavalcante (do qual falaremos muito mais adiante) e seu concorrente, o "Boca do Inferno" popular, Cuíca de Santo Amaro. Havia outros poetas de renome na época da famosa greve da Circular nos anos 1930, momento recriado no romance "Jubiabá" de Jorge Amado, seus versos sempre com um tom mais politico do que em outras áreas do Nordeste. E, claro, haveria os folhetos sobre Bom Jesus da Lapa,entre eles, os do bom poeta Minelvino Francisco Silva do sul do estado da Bahia, também daqui a pouco na narração. E, de passagem, haveria o plano de pesquisa depois da Bahia, de conhecer o cordel dos "paus de arara" no sul-sudeste do País.

Mas antes de encerrar essa, a minha primeira "travessia" nordestina, devo dizer que naqueles meses de junho a fim de outubro havia o dia-a-dia de muita leitura, festa de porão com universitários, praia e queima de sol em Boa Viagem, e paquera e namoro com meninas nordestinas. Em duas ocasiões cheguei a tocar guitarra elétrica (com um conhecimento principalmente do velho rock pioneiro dos EUA, músicas de Bill Haley and the Comets, do Elvis Presley, e "That'll be the day" do Buddy Holly, coisas anteriores aos Beatles), primeiro em um club de Campina Grande e depois na boite "Veleiro" de Boa Viagem. O interessante foi ver a rapidez do boato em uma cidade do interior; logo no outro dia comentaram, "Ó gente, 'viu falar do Americano tocando guitarra no club ontem à noite"? P'ra não falar mal de Campina Grande, era realmente pouca coisa nenhuma. Mas, o momento era do grande Roberto Carlos e o iê-iê-iê, de "Quero que todo mundo vá para o inferno" (música da qual os poetas de cordel aproveitariam até demais, criando cartas, respostas a cartas e muitas discussões entre Roberto Carlos e o diabo, protagonista importante na poesia do cordel tradicional).

Em fim, acho que me virei "um pouco" brasileiro com a vivência na Chácara das Rosas com a turma de rapazes bons e uns "malandros" nordestinos. As amizades ganhas, inclusive com os adultos, pais dos amigos, com uma namorada em especial, com o pessoal do folclore e do cordel, seriam parte de minhas lembranças e até conferências de aula na Arizona State University nos anos vindouros. A despedida no "Bar Acadêmico" e a mais triste no Aeroporto dos Guararapes, seriam só o começo da longa "travessia" brasileira.

CAPÍTULO III:
ESTADA NA BAHIA, NOVEMBRO A DEZEMBRO DE 1966

Percorrendo a Cidade

O plano foi passar uns dois meses em Salvador e cercanias vendo a situação da literatura de cordel com sua meia-dúzia de poetas e editores, mas, na verdade, o cordel teria de esperar. Houve outras prioridades, principalmente a de conhecer esta, a parte mais "Africana" do Brasil. Pois, em fim, a cidade de Salvador da Bahia de Todos os Santos era o cenário dos romances de Jorge Amado, o escritor brasileiro mais conhecido fora do Brasil, e aliás um dos meus prediletos (isso, apesar da controvérsia nas faculdades entre literatura "erudita" e a obra de Jorge Amado com seus romances populistas e comerciais, e, a guerra com os críticos que travara Amado em toda a carreira de escritor). Daí, o primeiro que fiz foi comprar o livro-guia da cidade de Salvador de autoria do mesmo Jorge Amado, Bahia de Todos os Santos, lê-lo de capa a capa e tentar conhecer tudo aquilo que Amado falara no livro, de tiragem inicial em 1944. O que queria captar, mais uma vez, como leitor um tanto romântico, foi "a noite mágica da Bahia, cidade dos mistérios". Para contar a verdade, achei tal mistério ou o que podia ser para mim. Andei dia e noite afora investigando, nas caminhatas, na farra, e no candomblé. Mas, também achei o mistério nas grandes igrejas barrocas como a São Francisco e a Terceira Ordem, a Santa Bárbara de Pagador de Promessas, e a Bomfim (Americano Católico-Irlandês não podia fazer outra coisa).

A cidade logo me impressionou como o cenário mais bonito que já conhecera no Brasil, até em comparação com o Rio e a Bahia da Guanabara. O caminho do aeroporto até o centro da cidade pela orla, das praias de Itapuá aos bairros de Amaralina e logo a Barra, subindo a ladeira longa pela Avenida 7 de Setembro, passando por Vitória, Campo Grande e Piedade, e, finalmente, a "cidade velha" com a Praça da Sé e logo o Pelourinho, tudo me fascinava. A vista de cima do Elevador Lacerda olhando à bahia, o velho forte com seu braço de mar, os barcos da velha linha Bahiana, a cidade baixa com o famoso Mercado Modelo e ao lado a velha Praça Cayrú e o cais dos savoeiros foi um capítulo direto dos romances que já conhecera do Amado (outra vez, como no caso de José Lins do Rego, tudo me parecia familiar pela leitura nos Estados Unidos). E na distância, através a Bahia de Todos os Santos, a Ilha de Itaparica foi um "postal" do Brasil.

Posto de Sol na Praia da Barra, Salvador

Justamente no primeiro dia, vendo o posto do sol na Barra completou a primeira impressão do que Jorge Amado descrevera tantas vezes nos romances desta, nas suas palavras, a cidade mais misteriosa, poética e Africana de todas as cidades brasileiras.

A marca, entre muitas, claro, foi a cidade alta com o Elevador Lacerda, os velhos prédios do governo, mas, principalmente o povo; nos 1960 ainda se podia ver homens de terno de linho branco, lindas e elegantes senhoras vestidas de branco, saias grandes, blusas e "turbantes", colares (a mesma vestimenta vista nos rituais de Candomblé ou ainda Xangô no Recife) que vendiam os pratos regionais nas esquinas de ruas, em frente do Elevador e na cidade baixa em frente do Mercado Modelo. O que chocou o gringo de Kansas foi o fato da população ser maiormente preta, coisa a qual logo me acostumei.

Tinha chegado na cidade das festas na "estação das festas", começando com a da Conceição da Praia. Percorri a cidade, vendo-a com a perspectiva que Jorge Amado usara no livro-guia nos 1940. Vi a Rampa do Mercado com os saveiros (a gente tem que lembrar <u>Mar Morto</u>), a feira da Rampa, o Mercado de Peixe, e o grande Mercado Modelo. Cheguei à feira de Água dos Meninos (há de lembrar o Cabo Martim e "A Morte e a Morte de Quincas Berro D'Agua"), sempre à cata da Bahia de Jorge.

Os primeiros dias na Bahia foram em uma hospedagem modesta na ladeira da Avenida Sete, o Hotel Caramuru, hospedagem naqueles anos de norte-americanos com orçamento modesto, e Voluntários da Pátria da cidade ou vindos do interior para descansar nas férias perto do mar. Do modesto segundo andar tinha uma linda vista do mar, coisa exótica e misteriosa para mim. Ficaria lá uns dias até encontrar hospedagem "permanente" em outra pensão, negócio de donos portugueses que acrescentariam à experiência brasileira um forte sabor da Metrópoli, coisa a descrever mais tarde.

Fiz muita farra na Bahia (o homem não vive só de pesquisar), indo aos clubes e boites com amigos brasileiros e norte-americanos. E também, ainda no Hotel Caramuru, fui por primeira vez a uma sessão de candomblé, (acho que foi o terreiro da famosa Mãe Menininha) linda nos seus rituais, cantos e bailes, considerada por muitos a ser o culto mais "puro" africano do Brasil, uma bela introdução a Salvador. E houve o namoro, influenciado eu pelas "noites mágicas" da "cidade misteriosa" dos romances de Jorge Amado. No começo houve caipirinhas e moças americanas e dias e noites divertidas sem compromisso. Namoro brasileiro, houve antes uma moça pernambucana que foi ótima pessoa, e logo depois uma bela amizade no Rio.

Tive muito mais contato com norte-americanos em Salvador do que no Recife, conhecendo oficiais do USIS (Serviço de Informação dos Estados Unidos, ligado a contratos com a Aliança para o Progresso), e dos Voluntários da Pátria. Entre eles, bom amigo foi um que ensinava no IBEU na Vitória, trabalho bom que não me parecia muito no espírito "desenvolvido" ou aventuroso dos Voluntários, mas prestando certo serviço na época – ensinar inglês a granfinos da cidade. Também houve pesquisadores da Fulbright, uns a serem mais tarde brasilianistas principais da minha geração.

Os Portugueses e "A Portuguesa"

Foi através de um dos voluntários, Roberto, amigo até hoje em dia, que fiquei sabendo de e conhecendo os Portugueses no Brasil (e as piadas sobre eles que já ouvira em Pernambuco, e, claro nos textos de cordel). O amigo me levou à "Portuguesa", pensão para os próximos dois meses na Bahia. Os donos portugueses eram gente boa, ambiciosa, e às vezes, modelos do estereotipo deles no Brasil. Pois, a pensão "A Portuguesa" ficava em dois lugares: o "dormitório" era na Avenida 7 perto da Praça da Piedade com quartos pequenos mas sempre limpos, banheiro com chuveiro e uma pequena sala para o café da manhã e um televisor. Mas, o almoço e o jantar foram feitos descendo a ladeira da Barra à praça do mesmo nome em um restaurante ao lado da praia, lugar que foi o "máximo" para o Americano. A praia da Barra, junto com o famoso Farol, naqueles anos, era uma das mais populares da cidade, ainda em voga com muita gente de classe média da vizinhança junto com gente preta, barcos de pescadores, e o melhor posto-do-sol do Brasil! Garotada linda, turistas dos hotéis vizinhos, e o melhor, água verde-azul, fresca mas nada fria, em fim um paraíso para o gringo de Kansas.

Pegamos ônibus super lotados duas vezes ao dia, suando a bicas a descer para a Barra e o restaurante, muitas vezes, tomando banho de mar antes do almoço. A comida foi excelente, combinação da portuguesa e brasileira, sempre abundante e gostosa (em comparação ao "cuisine" da Chácara das Rosas no Recife, e, claro por um preço também muito diferente). Um almoço poderia ser bacalhau à portuguesa (com muito alho), arroz e feijão, o feijão saboreado com pedaços de presunto. Em outros dias houve até filet mignon com batata frita, e sempre com uma sopa deliciosa da Casa, bom pão "francês", salada de fruta para a sobremesa, e um cafezinho ótimo. Houve outro costume também para os portugueses e outros, uma caneca de vinho tinto de Portugal ou cerveja geladíssima brasileira. Dá água na boca só lembrar! Rapidamente ganhei de volta o kilo ou dois que perdera com a dieta magra de antes e aquelas viagens também às vezes difíceis no Nordeste.

Pois da pensão me lembro de "tipos" – o português, vendedor de Enciclopédias Barsa, que também dava aulas de ingles "até à esposa do governador", o qual, confesso, quando falava inglês comigo, quase que não percebi nada. Havia os "grafinos" políticos, administradores do governo federal em Brasília, gente de terno e gravata naquele calor da Bahia, um fazendo-se bom amigo e levando-me a conhecer a "noite bahiana"! E, o principal, os próprios portugueses, difícil de saber exatamente a ligação entre eles e os próprios donos da pensão, rapazes novos, solteiros, recém chegados de Portugal para "fazer a vida no Brasil", gente de "negócio" de tecidos na Cidade Baixa, um eventualmente se casando com a filha casadeira, neta dos donos. Quem mandava foi uma mulher roliça de bom humor mas mão de ferro na cozinha, Dona Carminha. Brincando sempre conosco, os gringos, mas feliz se não atrasássemos na conta. Mas, me lembro mais que a hora da refeição era sempre de muito barulho, muita gargalhada, muita conversa. Tempos bons. E tempos de ouvir aquele sotaque de Portugal sem ter que viajar ao outro lado do mar. A pensão se fechava um mês do ano, os donos de ferias à "casa" em Portugal. Mas, também na "Portuguesa" ouvi barbaridades e palavras realmente cheias de preconceito em contra os brasileiros, especialmente os pretos da Bahia. (De passagem, lembro das conversas com um voluntário americano preto e as histórias de preconceito racial que conheceu na Bahia.)

Sempre, sempre no Brasil nós, norte-americanos, fomos acusados de sermos "racistas", e, com razão pelo record de nossa história. Mas, na Bahia achei um Brasil nada livre dos mesmo preconceitos, não só de raça, mas de região. Ainda recentemente, conheci e senti o preconceito terrível que existe no Rio e especialmente em São Paulo em contra o nordestino. A literatura de cordel está repleta de tais noções nas estórias quando o Nordestino migra para o Sul e tem que enfrentar não só vida nova e difícil economicamente, mas, um terrível preconceito contra ele.

À Cata do Cordel – O Mercado Modelo

Caricatura do Poeta Cuíca de Santo Amaro, Salvador, por Sinésio Alves

Da literatura de cordel, achei pouco nesta a primeira estada na Bahia (mas, tempos depois seria terra muito fértil para a pesquisa e futuros livros). O famoso e grande personagem do cordel na cidade nos anos 1940, 1950 e começo dos 1960, Cuíca de Santo Amaro, o "Boca do Inferno" popular da época, tinha morrido só dois anos antes em 1964 (depois eu faria umas outras estadas de pesquisa sobre o Cuíca em 1978 e 1981 e publicaria um livro importante sobre ele na Fundação Casa de Jorge Amado em 1990, e logo uma antologia pela Hedra em São Paulo em 2000.) O "Trovador Apóstolo" Minelvino Francisco Silva morava longe, em Itabuna no sul do Estado.

O Poeta Rodolfo Coelho Cavalcante, Salvador

E o mais importante, Rodolfo Coelho Cavalcante, estava ausente, "desterrado" pela pobreza em Jequié onde tinha uma casa modesta. Fiz contato logo com Rodolfo pelo correio e foi o começo de uma correspondência, amizade, leitura e futura pesquisa com entrevistas em 1981 que daria em outro livro, <u>A Presença de Rodolfo Coelho Cavalcante na Moderna Literatura de Cordel</u>. Rodolfo foi uma pessoa que marcou muito minha vida futura de pesquisador no Brasil. Encontrei só uma tipografia do cordel, o de Waldemar Santos no Pelourinho, ainda em serviço mas fazendo pouco cordel. Em uma subseqüente viagem ao interior à grande feira de Feira de Santana, encontrei-me com um poeta que vivia pelos folhetos de gracejos cheios de inuendo sexual – o Erotildes Miranda dos Santos.

"Bahia de Todos os Santos" – a Bahia Através de Jorge Amado

Daí, os meses na Bahia foram gastos, como dito antes, em outra prioridade – percorrer a cidade e absorver sua cultura através da leitura de muitos dos romances ainda não lidos do Jorge Amado e do livro-guia seu, conhecendo lugares bons e alguns de moral "duvidoso" indicados pelo mestre.

A Praça Municipal, Cidade Alta, Salvador

Igreja Barroca de São Francisco, Salvador

Com "Bahia de Todos os Santos" na mão, uma das primeiras "saídas" foi uma caminhata longa e quente pela Cidade Alta, passando pela Praça Municipal com todos os magníficos prédios de governo, uns de mais de 200 anos, até a Praça da Sé com a catedral original. Entendo que era antes igreja dos Jesuítas, desterrados do Brasil em 1767 por nada menos que o Marquês de Pombal devido a problemas de intriga política e religiosa na metrópoli. (Em tempos mais recentes publiquei nos EUA um livro contando "peripécias" minhas nas universidades Jesuítas nos anos 60 – "Coming of Age with the Jesuits", Trafford.com 2012). Logo fui ver, quase em espírito de romeria, a famosa Igreja de São Francisco, ainda considerada por muitos a ser a igreja barroca mais linda e importante de todo o Brasil. Ao lado dela houve a incrível façada da Igreja da Terceira Ordem, pedra talhada igual ao estuco ao lado da igreja mãe.

Depois entrei e logo desci pela Praça do Pelourinho, naqueles anos ainda não remodelada, e francamente em péssimas condições. Talvez a praça mais famosa no Brasil, do antigo mercado de escravos, datando dos 1600, hoje um centro cultural, de artesania, de fundações, de igrejas, e de hoteis, naqueles anos era ainda "zona vermelha" de noite, lembrando muito o romance Suor de

Jorge Amado. Viam-se mantidas as ruas de paralelepídedos, mas os prédios estavam em grande necessidade de pintura, e, havia prostitutas solicitando ainda na luz de pleno dia. Mas os velhos sobrados (uns de 3-4-5 andares) impressionavam.

Logo desci pela Ladeira do Pelourinho à famosa Baixa dos Sapateiros (que seria cenário de muitos folhetos de Cuíca de Santo Amaro), passando depois pelo plano inclinado.

Ainda aquele dia passei pela Igreja de Santa Bárbara, familiar pelo filme "Pagador de Promessas", em branco e preto, do Dias Gomes (filme no qual foi importante o protagonista Dedé Cospe Rima, figura modelada no poeta Cuíca de Santo Amaro da vida verdadeira), o drama famoso tratando o sincretismo religioso e o preconceito pela Igreja Católica oficial em contra as práticas espíritas africanas.

A Capoeira

Aquela noite fui por primeira vez a ver a capoeira – uma revelação a mim e talvez a melhor "performance" de índole folclórica que apreciaria em toda a minha experiência no Brasil até a data. Fui a uma pequena sala no Centro Turístico ao lado do Elevador Lacerda onde o evento foi patrocinado pela Agência de Turismo da Bahia. Soube só anos depois que foram os conhecidos Hildegardes Vianna e Vasconcelos Maia os chefes do empreendimento. O mestre de capoeira era Canjiquinha que fez papel no filme "Pagador de Promessas".

A capoeira só pode ser descrita como combinação de dança e auto-defesa. O mestre Luís da Câmara Cascudo a descreveu no seu "Dicionário do Folclore Brasileiro" dizendo que veio originalmente do ritual da tribo Masai na África do moço chegando a ser homem – uma dança feita a lembrar o ato de um jovem a matar seu primeiro leão. Os escravos no Brasil aprenderam uma versão da mesma e chegaram a ser super eficientes na "dança". Os donos brancos souberam que era "mais" do que dança e se opuseram ao ritual, daí os escravos a "enmascaram" como "baile". O resultado hoje em dia é uma arte linda e divertida.

Aprendi em 1966 que há doze "toques" ou formas rítmicas que a acompanham, tocadas no berimbau, um pau longo, curvado (como arco de frechas) com uma cuia vazia a um fim, fazendo papel de "som", isto é, por um fio de aço entre os dois fins do pau. Este fio de metal é "pegado" com outro pauzinho e produz um som "metálico" de baixo tom. Além disso, o tocador empurra um anilho de metal em contra o fio de aço, que, vibrando dá uma série de sons diferentes segundo o ritmo do "toque". A "dança" também vai acompanhada por tambores pequenos. Assim são os "toques" ou ritmos diferentes, mas, também há uma série de cantos. Uns dos "toques" são "Ave Maria", "Santa Maria," "Sambada", "Angola," "Cavalheiro" etc. Variam de um movimento lento, parecendo quase movimento de "balé" a movimentos rapidíssimos de luta ou defesa. Uns dos "passos" levam nomes como "meia-lua" quando o capoeirista dá voltas rápidas com a perna extendida ao nível da cintura, logo convertendo-o em um chute rápido. Outro começa com as mãos no chão em forma de uma espécie de salto mortal executado de lado e depois um chute no ar desde outra direção. Também há uma "cadência" na qual o capoeirista se balança devagar com o corpo inteiro seguindo o ritmo, isso antes de se lançar a outro "ataque". Todos os membros do grupo aprendem a letra dos cantos, os toques e a tocar os instrumentos, mas, uns são "especialistas" em certos toques.

Assistia noites seguidas. O mestre explicava cada "toque" antes de ser demonstrado pelo grupo. Daí ele dançava com quatro ou cinco outros de vez, criando um efeito bem teátrico. Também houve demostração da "capoeira de rua", quando mestres e jogadores lutavam na vida verdadeira na rua.

No folclore brasileiro há casos de capoeiristas famosos no emprego de politicos como "guarda-costas", isso não só na Bahia, mas também nas favelas do Rio (descrições vindo do século XIX).

Nos anos 1960 havia clubes de capoeira famosos na Bahia com velhos mestres conhecidos, como o Mestre Bimba e o do Mestre Pastinha no Pelourinho que praticava capoeira até na casa dos 90! Anos depois o "esporte" virou moda com academias em todas as grandes cidades, especialmente na Bahia e no Rio onde jovens de classe média e alta pagaram para aprender a jogar. O esporte já se encontra em outros países como os EUA, virando uma das variantes de "artes marciais".

O Mercado Modelo e a Rampa dos Saveiros

Outro dos meus "pontos" regulares na estada na Bahia foi o velho Mercado Modelo, mercado histórico e centro turístico de Salvador, de índole comercial e de artesania. O Mercado original teve seu "auge" nos anos 1930 e 1940 durante o tempo dos romances primeiros de Jorge Amado. Queimado por um incêndio "misterioso" nos anos 1960, foi reconstruído de novo no lugar onde fica hoje em dia na "nova" Praça Cayru; queimou-se de novo em Janeiro de 1984, e foi uma vez mais refeito. Nos meus dias em Salvador havia um restaurante no segundo andar e o dono, Camaféu de Oxossi, amigo e personagem nos romances de Jorge Amado, comandava o lugar. O restaurante dava para a bahia com uma vista linda e movimentada dos barcos, saveiros, a Linha Bahiana do Leste, etc. Na ocasião dos 50 anos de Literatura de Jorge Amado em 1981, éste nos convidou, todos os participantes, a um almoço "típico" no lugar. Entre os convidados foi o agora Nobel, Mário Vargas Llosa e sua esposa Patrícia, ele fazendo papel de repórter para a TV peruana. E, em 1981, tive um papo interessante com o velho Camaféu, junto com o poeta Rodolfo Coelho Cavalcante, os dois veteranos tentando brilhar um mais do que o outro a contarem histórias e mentiras sobre a fama do lugar.

O propósito original de fazer ponto no Mercado foi entrar em contato com poetas e editores da literatura de cordel na Bahia. Houve, antes, um senhor chamado Nigro Silva que tinha barraca de poesia na época "áurea" do cordel de João Martins de Atayde de Recife, recebendo e vendendo romances e folhetos deste na Bahia, isso nos anos 1940 e 1950. Infelizmente o homem e a barraca tinham ido embora. Mas, mesmo assim, freqüentava eu as barracas dentro do Mercado e avistava o carregar e descarregar dos saveiros ao lado: barcos carregados de juta, algodão, peixe, legumes, e frutas. Era lugar de alta atividade, com ambiente de feira, muitas pessoas "a toa" vendo o passar do dia. Os slides que tirei já viraram documentos históricos, retratando essa vida vibrante ainda dos anos 1940, da época aúrea de Rodolfo Coelho Cavalcante e Cuíca de Santo Amaro vendendo seus poemas fora do Mercado e ao pé do Elevador Lacerda, e claro, a vida descrita por Jorge Amado em romances e "Bahia de Todos os Santos".

Mas, a fama do Mercado para os turistas reside em três andares do grande prédio que vendem toda sorte de artesanias e bugiganas aos turistas nacionais e internacionais. Os artigos vendidos abrangiam coisas finas e bem feitas às "bugigangas" baratas turísticas, i.e. camisetas, bonecos de figuras de candomblé e um sem fim de outras coisas.

Em 1985 em frente do Mercado ficaria a barraca de poesia da literatura de cordel do famoso Rodolfo Coelho Calvacante, barraca da "Ordem dos Poetas e Trovadores da Literatura de Cordel" chefiada pelo mesmo, ou seja, "A Banca dos Trovadores", entidade que descreverei mais nessa odisséia pelo Brasil.

Rampa dos Saveiros, Salvador

A Rampa dos Saveiros, Descarregando

O Mercado ainda hoje em dia é centro turístico de Salvador, mas, nos anos 1960 quando primeiro o conheci ainda tinha muito do sabor de "Bahia de Todos os Santos". Ao lado, o cais estava muito movimentado com literalmente dúzias de saveiros cargados de produtos do Recôncavo chegando à cidade. Já idos, junto com o Mercado de Peixe e a vida movimentada da Rampa dos Saveiros (com uma pequena feira), a praça está mais limpa e muito menos folclórica, isso apesar da "feira hippy" de hoje em dia em frente do mesmo. Por não sei quê motivos os saveiros foram "desterrados" à Feira de Água dos Meninos", mais distante, mas, entendo que esta feira também já foi embora da vida popular bahiana. Consta para os estudiosos um folheto excelente do cordel do poeta Rodolfo, feito no auge do Mercado nos 1940 intitulado "A Praça Cayru" que descreve de maneira gostosa todas as atividades folclóricas circa 1946. Conto-me feliz por haver tido a oportunidade de passar momentos felizes lá antes dos incêndios e o que os folcloristas chamam hoje em dia da "descaraterização" da mesma.

Outro momento belo em 1966 foi quando conheci o parque da Vila Velha (atrás da mansão do governador em Campo Grande) – lugar com uma vista lindíssima da Bahia, árvores centenários, e o teatro com um restaurante ao lado. Não sabia eu que fosse o lugar do começo de um rapaz joven do Recôncavo, um tal de Caetano Veloso, e colegas que começavam a criar uma nova etapa musical no Brasil. E foi aí que conheci o jovem ator Othon Bastos, logo apreciado pelo filme "Pagador de Promessas" e logo a telenovela no Brasil. Em julho de 1966 representaram no Teatro Vilha Velha o "Teatro de Cordel", oito peças breves, todas tiradas de folhetos do cordel, e com grande éxito, coisa a ser repetida em outros anos e lugares no Brasil. Foi idéia do escritor João Augusto e fez fama na época.

Intervalo: o Mundo Universitário e Intelectual na Bahia, 1966

Fiz entrevista com um dos professores de literatura brasileira na Universidade Federal da Bahia, o professor Antônio Barros (outro contato através a Professora Doris Turner dos EUA). Era muito cordial e simpático comigo. Falou em contra o "imperialismo" dos Estados Unidos e a necessidade de uma "revolução burguêsa", idéias comuns da esquerda no Brasil na época. Mas, de vez, louvou o apoio financeiro que o governo federal sob o General Castelo Branco, tinha dado ao estado da Bahia até o momento.

Em termos de literatura não lhe faltavam opiniões, e, discutimos os méritos dos autores brasileiros. Achou pouco de Érico Veríssimo, e "apesar de seu mau gosto", colocou Nelson Rodrigues como o melhor dramaturgo do Brasil no momento. Achou que o movimento de literatura nordestina tinha contribuido mais à literatura nacional, isso é, obras de José Lins do Rego, Raquel de Queróz, Graciliano Ramos (do qual era bom amigo) e Jorge Amado. Falou de maneira negativa dos esforços dos Voluntários da Pátria dos EUA que trabalhavam com o teatro na Bahia.

Logo depois, cheguei a conhecer Hildegardes Vianna, diretora do Departamento de Turismo em Salvador. Professora, folclorista e escritora sobre temas de folclore na Bahia, ela entraria mais tarde em futuras estadas no Brasil com sua convivência com Cuíca de Santo Amaro nos anos 1950. Falou-me do candomblé, como estava totalmente comercializado no Brasil, mas, com uns poucos terreiros "secretos" onde podia-se ver ainda a "forma pura". Declarou que Jorge Amado não era realmente "amigo do povo" e que sua ligação com o candomblé como "ogun" existia principalmente para a publicidade (a crítica feroz de Jorge Amado realmente nunca acabaria no Brasil, ainda com sua morte em 2001). Hildegardes me disse que os passos puros e velhos do candomblé agora estavam mixturados completamente com passos novos, estes criados pela influência do cinema, em em particular do "American Tap Dance" dos anos 30!

Viagem a Feira de Santana, Interior da Bahia

A zona entre Salvador da Bahia e Feira de Santana é a zona da mata, tropical com muita chuva. Depois a gente passa pela zona do agreste, agora ondulada e área do pastoreio. A cidade de Feira fica na divisa entre o agreste e o sertão e é conhecida como lugar da maior feira de gado de todo o Nordeste. A cidade me parecia, nesses dias, muito seca, poeirenta e quente, lembrando-me muito da Guarabira ou ainda de Caruaru em Pernambuco. Havia duas avenidas grandes, uma na zona de comércio, a outra o lugar da grande feira. A feira era dividida em duas partes: a do gado e a "normal" comercial; fui só à comercial porque aí é onde se devia vender poesias do cordel. Vi artigos de couro, legumes, comestíveis, roupa, etc. Vi uma velhinha vendendo farinha de mandioca e de vez em quando comia a mesma, jogando um pouco da mão na boca (como o norteamericano come pipoca). Havia outra fumando cachimbo de barro com grandes baforadas de fumo enchendo a área. Como avançava o dia, o calor cresceu entre o vai e vem da feira.

Havia vários vendedores ambulantes do cordel. Conheci e fotografei Erotildes Miranda dos Santos, homem bastante "escuro", cabelo cabeludo atrás, careca em frente, com os óculos de sol e chapéu normais do "ramo". Conhecido pelos folhetos um tanto "duvidosos" de tema sexual, realmente "gracejos" de duplo sentido, ele tinha por exemplo um título assim, "O Namoro Moderno".

A viagem de volta foi de "déjà vu", como outras viagens a Caruaru ou Campina Grande – o ônibus super-lotado, muita gente de pé no corredor. Aí falhou o sistema de freios e tivemos que esperar outro ônibus de destino a Bahia, acenar para parar, e aí, todos nós subirmos a bordo para o resto de uma viagem muito incômoda a Salvador (parece que a Estrada Feira-Salvador seria de muito azar para mim, outra cena a contar daqui a pouco).

Pot-pourri na Bahia

-- Assisti o candomblé da Mãe Menininha na Federação, ela talvez a mãe de santo mais conhecida na Bahia, amiga ligada à amizade com Jorge Amado. O terreiro ficou totalmente lotado de turistas e de tom muito comercializado, mas, mesmo assim, lindo. Começou lá pelas 10 e 30 da noite. Lindos bailes e cantos. Homenagem à mãe de santo, vários filhos e filhas "caindo no santo".

-- Fins de novembro de 1966 em frente de um hotel de turismo na Barra em vésperas de Natal com un calor tremendo: ouvia-se "White Christmas" e outras músicas de Natal de Bing Crosby no sistema de som berrando à praça.

-- Na sede do G.B.T, Grêmio Brasileiro de Trovadores, fiz entrevista com o chefe Clodoaldo Rodrigues, concorrente de Rodolfo Coelho Cavalcante. Entaria no meu livro sobre Rodolfo que ia sair em 1987.

-- Festas com iê-iê-iê, música de Roberto Carlos, comida Bahiana.

-- Show de turismo bahiano. Vi uma boa apresentação do "maculelê", dança com o ritmo de paus se cruzando. (Há um filme branco e preto de Glauber Rocha no começo do Cinema Novo com cenas de pescadores recolhendo redes, samba de roda e maculelê.)

-- Visita a Tororó, favela, o cicerone um Voluntário da Pátria preto dos EUA; falou do preconceito de raça que encontrara na Bahia. A favela entendo, não existe mais; foi nivelado a fazer um "freeway" interior da cidade anos depois.

-- Visita à Igreja de Santo Antônio no morro em cima da praça e praia da Barra, cena linda que avista a Bahia e o Yate Clube.

-- Visita a Monte Serrat onde visitei a Igreja de Nosso Senhor do Bomfim. Já declarada Basílica, o lugar é famoso na Bahia, igreja dedicada a Jesus, mas famoso no folclore local pelos dias festivos quando se misturam a fé católica com o ritual do candomblé quando Mães de Santo e Filhas de santo vêm lavar as escadas da Igreja pensando em "seu" Jesus do Candomblé – Oxulafá. Também fui à Igreja da Conceição da Praia na Cidade Baixa, a igreja acho, matriz, na cidade Baixa.

-- Fui a muitos boites nesses dois meses, as vezes com o amigo Xavier, funcionário do governo federal em Brasília em estágio de trabalho em Salvador. Uma noite a polícia veio fechar o club à meia-noite, a razão sendo que o próximo dia era de eleições. O pessoal nesses boites era muito internacional, do ambiente dos "castelos" dos romances de Jorge Amado. Também assisti mais de uma vez a festas no "Clube Inglês" em Campo Grande; uma noite o clube foi inundado de marinheiros inglêses de um porta-aviões gigantesco atracado na bahia, um mar de uniformes brancos pela cidade (cena a ser repetida uma vez na Copacabana quando outro porta-aviões atracara ao cais no Rio, a única diferença, esta vez, foi que foram Norteamericanos). Outra noite fomos ao famoso "Tabaris", clube afamado nas estórias do mesmo Jorge Amado, outra coisa já "ida" da Bahia de hoje em dia. Na mesma noite chegamos a saudar a alvorada e vimos um amanhecer magnífico na Bahia da Guanabara.

A Bahia ao Amanhecer – Cidade Misteriosa

Em ainda outra ocasião, me levantei às 5 e meia da manhã a ver o levante do sol e a atividade no cais ao lado do Mercado Modelo. Havia muita gente na rua indo ao serviço, e farristas de roupa "arrugada", até de terno e gravata voltando à casa (o leitor lembra "Dona Flor e seus Dois Maridos" com suas cenas de farra e jogo, de Vadinho e os amigos nos castelos e serenatas bêbadas na alta noite ou madrugada). Com os primeiros raios de sol, a bahia se via cheia de névoa e a reflexão de luzes na água.

Saveiro, a Bahia de Salvador

Um saveiro solitário curvava até o braço do mar artificial em direção ao forte.

Transatlantico e Saveiro, Bahia de Salvador

Ouvi o alarde do apito de um grande cargueiro deslizando-se ao porto, e mais dois indo em direção oposta, caminho a alto mar. De longe se avistavam as luzes de Itaparica e Maragogipe. Raios de luz coloridas se reflexionavam em nuvens atrás o Elevador Lacerda.

Ao branquear mais o dia com os raios de sol, se avistava ainda outro mundo: as velas dos saveiros na bahia em frente da cidade, recém saídos de Itaparica e a brancura de repente de um grande transatlântico. Ao pouco, o grande navio virou o foco de todo o cenário.

Ao caminhar lentamente pela Avenida Contorno (a avenida que vai da Cidade

Alta e a Praça Castro Alves à Cidade Baixa), andei em frente de velhos casarões ou sobrados de três ou quatro andares, sujos, água correndo debaixo das portas à sarjeta, gatos procurando algo a comer, calçada quebrada e suja à esquerda, à direita a alta muralha separando a avenida da cidade mais alta.

Quando cheguei à Praça Cayru e a Rampa dos Saveiros, o mundo deles se abriu a mim. O pessoal a bordo dos saveiros se acordava, em todo jeito de vestir, de calção, shorte, camiseta ou quase nús. Um veterano de saveiro, na casa dos anos 60 talvez, estava sentado em um saveiro, à toa, vendo tudo que passava. Parecia que havia dois tipos de saveiros – o maior com só um mastil de tronco de árvore, usado para carregar frete, e um segundo, menor, com um mastil cruzado por outro pau, para o cargo e a pesca.

Um velhinho baixo em uma camisa de listras vermelhas remava em seu barquinho outros homens que dormiam na cidade, levando-os do cais a seus barquinhos nas águas mais profundas da pequena baia (entre o cais e o "braço de mar artificial"). O cheiro pungente de peixe estava em todas partes; e muitos saveiros agora estavam no processo de descarregar seus produtos na Rampa do Mercado. Uns homens cantavam como trabalhavam, e ouvi pedaços de músicas populares do momento.

Ao juntar-se velhos e jovens, fracos e fortes, perto de onde eu sentava olhando o movimento do cais, todos notaram a chegada do transatlântico, evento que provocou uma série de comentários. Um velho disse, depois de dar sua opinião do porto de origem do grande navio, que "tem luxo que nem coronel". Outro o viu como "arretado" e deu um passo de dança, dizendo que deveria ser bom para "uísque e branquelas". O cenário veio diretamente de um romance de Jorge Amado.

Tirei slides excelentes, especialmente desde a perspectiva de hoje em dia nesse século novo – esse cenário já foi embora da Bahia. Em parte, fiz esta visita ao cais assim bem cedo de manhã devido a cenas lidas nos romances de Jorge Amado tal como "Mar Morto"; é que queria conhecer e captar o "mistério" da prosa dele. E fiz com muito éxito.

Todo esse cenário mudou poucos anos depois, nos anos 1970, quando a prefeitura mandou que os saveiros e seu comércio fossem mudados a outro cenário, à Feira de Água dos Meninos, bem longe ao sul da cidade. Em seu lugar hoje em dia há iates de turismo e a Rampa do Mercado agora vazia de movimento. Cheira melhor, mas me parece estéril. Eu, o romântico, prefiro lembrar os dias dos 1960 e as cenas de "Mar Morto" ou os folhetos de Rodolfo Coelho Cavalcante ou Cuíca de Santo Amaro a descreverem a vida popular do recinto daqueles dias. O lugar é ainda lindo, o mar verde-azul uma delícia, mas, a vida popular que tive o prazer de conhecer e documentar já é só lembrança de outrora.

-- Uma saída com o amigo Rodolfo da pensão portuguesa a ver a capoeira com o Mestre Canjiquinha, e logo aos boites perto da Praça da Sé, cervejas no Carcará.

-- Na praia da barra jogando "frisby", os meninos pretos ficando loucos com essa invenção gringa, mas logo voltando ao jogo de futebol de praia.

-- Papo e entrevista com José Calasans, historiador famoso de Salvador, autor de livro seminal sobre a Guerra de Canudos e ainda outros estudos sobre a cachaça e o folclore. Falamos de Canudos e os versos pioneiros do cordel feitos por um soldado-poeta. Anos depois, em 2002 em congresso em São Paulo veria um filme documental por Antônio Olavo sobre Canudos com entrevista do mesmo Calasans.

Festa da Conceição da Praia, 12 de dezembro de 1966

Festa de Conceição da Praia, Cidade Baixa, Salvador

Uma das grandes festas da Bahia, esta abre a "temporada das festas populares." Caminhei à Cidade Baixa e a Praça Cayru onde vi a multitude de barracas armadas em frente da igreja da Conceição da Praia. Só penso agora nas fotografias e álbuns de Pierre Verger da vida popular na Bahia. Via-se toda maneira de frutas em montes na rua. Havia muita gente bêbada, tomando cachaça das muitas barracas com garrafas e marcas das mais variadas. Havia capoeiristas jogando nas ruas. Depois vi a procissão de estátuas religiosas, incluindo a Virgen da Conceição, a patroa da Igreja. Também havia o pequeno parque de diversão com roda gigante. Estava quentíssimo, com temperatura e humidade juntas nos 90 F!

E depois, fui à Baixa dos Sapateiros onde milhares de pessoas enchiam as ruas. Havia "blocos de samba", como escola de samba no Rio, todos com a vestimenta do bloco, todos dançando na rua. Lembro de um bloco com camisas listradas branco-vermelho e com chapéus altos; outro com meninas de tocada de Índios e saias curtas. O bloco é unido mesmo por um cordão ou barbante, também para evitar "penetras". Quase todos eram gente preta, e ótimos passistas. Vi uns bêbados, mas nenhum criando grandes problemas.

Entendo que estes blocos são uma variante do velho "afoxé" da Bahia dos anos 1930 e o romance "Tenda dos Milagres" de Jorge Amado. O ritmo veio do batuque dos tambores e era muito barulhento; os blocos deviam ter centenas de pessoas. Também a "tipa" da bahiana era muito popular, saias compridas e belas, colares, pulseiras, turbanas.

Me lembro também que o cenário me assustou um tanto – pela gente bêbada, por eu me sentir muito minoria entre os pretos. E o calor medonho era de considerar.

Visita a Feira de Água dos Meninos

Vi a feira em um dia de chuva terrível, as ruas totalmente lamacentas. Parecia-me o nome certo porque vi muitos meninos brincando na água à beira da bahia. Agora, em 1966, era a feira maior de Salvador da Bahia, os produtos trazidos por saveiros de todo o Recôncavo, descarregados na praia e trazidos a barracas a serem vendidos. Aquele dia estava tudo cheio de lama e com um cheiro muito mau na área. Havia toda maneira de frutas, comestíveis, ferramentas, e roupa. Quase todo o pessoal era preto. Nenhum sinal de cantadores ou poetas de cordel.

É de notar que foi depois que li o conto de Jorge Amado, "A Morte e a Morte de Quincas Berro D'Agua" que usava esta feira de cenário para os jogos de baralho do Cabo Martim.

Anedota: a Hospitalidade Brasileira

A Hospitalidade Brasileira, Manoel e Maria

Foi em Salvador que tive outra experiência da incrível hospitalidade brasileira (fato sempre badalado pelos brasileiros, especialmente os da "velha guarda" com saudades de um Brasil melhor). Fui convidado a um almoço na casa de Manuel e Maria, amigos da professora Doris Turner da Saint Louis University. Ele era sapateiro e os dois moraram, junto com as crianças, em um casinha muito humilde perto da Piedade. Foi evidente que gastaram o orçamento de uma semana, ou bem mais, a preparar um almoço para o gringo convidado. Saí muito impressionado com sua gentileza, sua bondade, e sua hospitalidade genuínas. É o que os brasileiros querem dizer quando falam do "rasgo" de brasileiridade nacional da hospitalidade. (Talvez seja produto de tempos outros e melhores, mas, com certeza presente hoje em dia para os que possam.) Mas, me impressionou mais do que muita outra coisa "brasileira" que vira até aquele momento no Brasil.

Último Dia na Bahia –O Museu Nina Rodrigues e as Cabeças de Lampião e Maria Bonita

Não sei porquê, mas, acho por preguiça, deixei este último dia para fazer algo que devia ter feito antes, algo que não quereria perder. Fui visitar o Museo Nina Rodrigues, ao lado da Faculdade de Medicina da Bahia, faculdade velha e uma das mais respeitadas do velho Brasil.

Em uma sala havia uma coleção de vestimenta dos rituais do candomblé, modelos ou manequins de todos os deuses principais na vestimenta "típica" de cada qual.

Em outra sala havia uma jangada verdadeira, de tamanho normal.

As Cabeças de Lampião e Maria Bonita, Museu Nina Rodrigues, Salvador

Mas, o mais estranho e mais memorável foi a exposição das cabeças dos cangaceiros Lampião, Maria Bonita, Corisco e Labareda, cabeças "preservadas" em jarros ou vitrines com, suponho, formol. Quando a polícia pegou Lampião e Maria Bonita em uma fazenda em Sergipe em 1938, houve um tiroteio feroz e os corpos dos bandidos ficaram totalmente arrasados de balas. Mas, aí, a polícia cortou as cabeças, colocaram-nas em latas de kerosene e começaram uma viagem macabra pelas vilas do sertão, mostrando as cabeças aos camponeses e sertanejos, isso para "provar" e mostrar, de fato, que os temidos cangaceiros mesmo estavam findados. De outra maneira, segundo o pensamento militar, o povão não acreditaria na morte dos mesmos e haveria ainda outro caso de Sebastianismo no Nordeste, esta vez tocante a Lampião.

Como, exatamente, as cabeças acabaram em Salvador e no Museo Nina Rodrigues, não sei, mas, entendo que na época houve professores da Faculdade de Medicina que opinavam por uma espécie de determinismo biológico, e queriam fazer experiências sobre os crânios a determinar o "por que" da mentalidade do cangaceiro. Sei que há um livro sobre o cangaço por Epitácio Pessoa com uma abordagem totalmente determinista, citando toda sorte de fatores genéticos e do meio-ambiente a mostrar a causa do fanatismo religioso e o banditismo no Nordeste. Salvador, nesses anos, ainda era bastante influído pela "filosofia" positivista-determinista na Faculdade de Medicina, coisa tratada por Jorge Amado no romance "Tenda dos Milagres" que falou de atitudes racistas na Bahia resultando de tal "filosofia".

Pois, vi as cabeças amareladas no Museo em 1966, e só poucos anos depois, depois de muita reclamação pública, finalmente tiraram as cabeças e as enterraram. (Ver a reportagem em um número de "Fatos e Fotos" isso de 1966 ou 1967.)

Naquele dia final na Bahia ainda fui à Tipografia Santos no Pelourinho, loja que vendia seu próprio "estilo" de literatura de cordel, com capas coloridas, mas textos autênticos do cordel. E aquela noite assisti o filme em branco e preto "Hora e Vez de Augusto Matraga" baseado do conto de João Guimarães Rosa, coisa a me interessar mais na obra do futuro mestre (eventualmente leria eu "Grande Sertão:Veredas" e abriria ainda outro mundo de ficção a mim, também relacionada à literatura de cordel e um futuro estudo e prêmio no Brasil em 1985.)

Fim da Estada na Bahia

Queria mesmo fazer a viagem de Salvador ao Rio de Janeiro de navio, da Linha Loide Brasileira, de fama nos livros de Jorge Amado, e também realmente importante nas primeiras décadas do Século XX. Fui ao escritório da linha e achei só uma burocracia terrível, com gente "carrancuda" que nem estrada de ferro dos EUA. Aparentemente, eles acharam minha idéia ridícula e nem me deram bola. Depois de duas ou três tentativas de comprar passagem, finalmente desisti e acabei "Flying Down to Rio".

Aí acabou a primeira estada em Salvador da Bahia, mas, voltaria, e muito, nos anos vindouros a fazer mais estudos que iam resultar em três livros publicados no Brasil sobre Jorge Amado mesmo, e os poetas de cordel Rodolfo Coelho Cavalcante e Cuíca de Santo Amaro.

CAPÍTULO IV:
RIO DE JANEIRO, DEZEMBRO A ABRIL DE 1967

A Família Kerti e o Choque na Televisão

Curran e a Família Kerti, Rio de Janeiro

Combinara já em junho de 1966 na chegada ao Brasil e ao Rio de Janeiro, isso antes de ir ao Nordeste, ficar uns dias depois da chegada do estágio de seis meses, na casa do amigo Henrique Kerti que morava na época na Avenida Oswaldo Cruz no final de Flamengo. O pai do Henrique, já falecido, era imigrante da Áustria e casou-se com a senhora Kerti, da família dos Fonseca no Brasil. A senhora Kerti era descendente dos Alencar do Ceará (o romancista famoso romântico). Havia dois filhos, Henrique e Cristiano.

Conhecera Henrique na faculdade de graduação em 1961 em Rockhurst em Kansas City, fato importante porque a primeira vez que ouvi a língua "brasileira" foi na residência de estudantes em Rockhurst quando Henrique fazia uma chamada de "distância larga" no lobby, falando muito alto para ser ouvido talvez por costume ou por uma má conecção. Disse eu antes neste relato que a voz dele me parecia o som do chocar de duas caixas de madeira, juntando o sotaque carioca exagerado e a voz natural forte do Henrique.

Pois, o "apartamento" dos Kerti ocupava todo o andar de um prédio lindo na Avendida Oswaldo Cruz, talvez 12 a 14 quartos com móveis elegantes e finos, uma biblioteca fina de livros encadernados em couro, os clássicos da Europa e do Brasil, e quadros de pintores brasileiros famosos nas paredes. Daí houve um ambiente aristocrático – mas, resulta que só a senhora conhecia os volumes pesados da biblioteca; tanto Henrique quanto Cristiano, naquela época estavam longes de se interessar pelas letras!

Mas, foi através desta família que conheci o "outro Brasil" da classe alta no Rio de Janeiro, um mundo totalmente oposto àquele outro do pessoal da literatura de cordel. Exemplo disso foi aquela primeira noite com eles no Rio. Fui com Henrique, o amigo Lourenço, duas meninas Maria e Verinha, ao Castelinho – o bar famoso de Ipanema, de fama depois como "ponto" do pessoal da bossa e de Chico Buarque de Holanda, e o "creme" intelectual e social do Rio. Depois fomos a uma festa no boite ou clube de "Sachas" na Copacabana, lugar "in" na época. O som altíssimo, a juventude da elite do Rio, vestidos muitos de "smoking", as meninas com vestido largo formal, isso misturado com gente de roupa casual mas elegante. À casa as 4 da madrugada!

Foi no outro dia que tive o maior choque até o momento no estágio no Brasil. Em casa dos Kerti, assistindo o Repórter Esso da tarde com as notícias nacionais, sem ligar muito ao caso, anunciava-se que naquele dia mesmo houve a morte e enterro do Professor Manuel Cavalcanti Proença, coronel reformado do Exército Brasileiro e Professor na Escola Superior de Guerra! Aí me dei conta da morte do meu orientador de tese no Brasil! O mesmo que me avisara seis meses antes ir para o Nordeste, fazer toda a esquisa de campo, voltar ao Rio e aí começar o trabalho da tese! Um choque tremendo! Fiquei estupefacto – não sabendo o que seria de mim! Só depois, se resolveu bem.

O professor Proença tinha sido coronel no exército antes de 1964 e a Revolução Militar e ensinara na Escola Superior de Guerra. O campo original dele ou foi biologia ou botânica. Só mais tarde se convertia em grande professor de letras e folclore brasileiros. Um intelectual incrível, mestre de várias áreas. Fez parte da Coluna Prestes em 1926 como soldado simples, indo pelo sertão até Ceará no Norte. Usou a experiência a escrever um livro impressionante sobre a fauna e o folclore do sertão: O Termo de Cuiabá. Já comentei seus livros de crítica literária, ainda "clássicos" no Brasil.

Pois, no outro dia fui ao apartamento do finado senhor a dar meus votos de pêsame à família e assisti um pouco uma reunião de família, todos lembrando os dias melhores. Ele foi embora, mas a memória não; sempre estaria comigo nos anos de estágio de pesquisa no Brasil e nas aulas de literatura ensinadas na ASU.

O Campionato Carioca de Futebol de 1966 no Estádio do Maracanã

A minha introdução ao futebol, talvez um dos fatores culturais mais importantes do Brasil, não poderia ser mais impressionante! Fui de carro com Henrique e o amigo Chico Basílio que chefia um escritório de investimentos em Amazonas (houve uma campanha nacional na época, nos anos 1960, a abrir toda a área ao desenvolvimento econômico, tudo acompanhado pela maior publicidade e um ambiente de propaganda e relações públicas pelo governo militar da "Marcha para o Oeste" e o espírito dos "novos bandeirantes".) Pois, chegamos ao famoso Maracanã através do Túnel Rebouças, de -baixo do Corcovado; o estádio tinha uma capacidade, então, de 200.000. Naquele dia tinha 143.000; nunca tinha visto eu nada igual nem presenciado um evento com tanta gente.

Pois os times foram o time do "povão", o sempre badalado Flamengo e o Bangu. Não posso comentar bem, por ser novato ao assunto; os amigos falaram que o jogo não foi muito bom, ganhando Bangu 3-0, mas o interessante foi que um dos jogadores do Flamengo fosse machucado mas não podia sair do jogo (devido, acho ao limite de substituições já feitas) e acabasse o jogo "mancando" de um fim do gramado ao outro. E se não me engano, o jogo realmente foi terminado pelo juiz antes do tempo marcado, coisa raríssima na história do futebol.

Talvez seja interesse a seguinte descrição do estádio e do ambiente por uma pessoa que realmente desconhecia o fenômeno, de minhas notas originais, nada retocadas.

"Há dois níveis no gigantesco estádio, a arquibancada lá em cima, e a "platéia" em baixo. Henrique, o amigo e eu ficamos na platéia em baixo, e de baixo ainda o "teto" parcial da arquibancada em cima. A arquibancada, segundo Henrique, era melhor, mais excitante, mas também perigosa. Considerada o melhor lugar para ver bem o jogo, os homens sem camisa gritando palavrões aos juizes ou ao outro time e seus torcedores, e muitos bêbados. (O filme "God, Footbal and Carnival" pela BBC tem umas das cenas melhores que já vi sobre o fenômeno). O segundo período do jogo nunca foi completado devido às brigas no campo e no estádio, uma confusão e bagunça que duraram pelo menos 40 minutos. O resultado foi que o jogo foi declarado "suspenso" e nove jogadores foram botados para fora pelo juiz.

"Na área de gente de pé, uma espécie de fosso ao redor do campo de jogo, vi gente literalmente atropelada por grupos de 100 a 150 jovens, estes correndo loucamente ao redor do campo (da minha cadeira, longe do campo, parecia realmente uma "minhoqueira", esse "correr" de gente ao redor do campo. Mas, foi perigoso mesmo para o pessoal metido nisso). Mais perto de nós na platéia havia brigas. E quando o jogo foi suspenso, o pessoal das arquibancadas em cima juntava papel de jornal em bolas, botou fogo nas mesmas, e as jogaram para baixo em cima de nós na platéia; vi duas ou três duzias de incêndios ao redor da gente. Não podia deixar de pensar no "riot" de futebol uns tempos antes em Lima no Peru quando a segurança tinha fechado as portas ao estádio à candado e chave, e o povão dentro entrou em pânico, todos correndo para as saídas, com o resultado de muita gente ser atropelada e esmagada, resultando em várias mortes. Lembro que o calor dentro do estádio tambem era excessiva e me parecia bem possível um pânico igual ao Peruano.

"Esqueci comentar o começo do jogo: foi incrível! Ao entrarem os times ao campo (por um túnel ao lado do campo), milhares de bandeiras foram acenadas pelos fãs; houve o "disparo" de foguetes no ar, e o ar do Maracanã ficou cheio de fumaça; e houve uma gritaria tremenda pelos times. Nuncia vi nada igual na vida (e anos depois sempre me maravilharia vendo clips de filmes de jogos do Maracanã). Mas, a impressão final do momento foi de tentar entender como um "jogo" só poderia ser levado tão a sério!

Igualmente impressionante foi o tráfego que fluía fora do estádio depois do jogo, correndo rapidíssimo sem nenhum problema, e não vi nenhum engarrafamento ou trombada. A noção folclórica que os pilotos brasileiros em Indianópolis são ex-motoristas de táxi veio à tona mais uma vez.

"Aquela noite foi especial durante a céia na casa dos Kerti – muita gargalhada, muita gritaria, muita fala exhuberante sobre aquele jogo! Fiquei sabendo que o Flamengo é o "time do povão", o Fluminense, o "time dos ricos".

Um Novo Amor: o Violão Di Giorgio da "Guitarra da Prata", Rua da Carioca

Foi nesta estada com a família Kerti que realizei um grande sonho no Brasil. Na Rua do Carioca no centro havia uma loja chamada "A Guitarra de Prata", a melhor no Rio. Fui lá, vi a coleção de violões clássicos, e toquei vários, experimentando o tom e a "ação". Entre as melhores marcas foram o Di Giorgio e o Gianini, o segundo caríssimo. Mas, o melhor de todos foi um "Del Vecchio" por 650 cruzeiros [325 $ US, fora do meu orçamento de estudante. Quem me dera ter ele hoje em dia!]. Mas, entre os Di Giorgio havia instrumentos finíssimos e belos. O quartinho de tocar e experimentar o violão era pequeno mas com uma boa acústica – daí me parecia que tivesse chegado a tocar violão no céu tocando aquele Di Giórgio de jacarandá. Pois, acabei comprando-o, pagando "cash" e aproveitando da promoção. Violão e "estucha", se não me engano foram na quantidade de US $150! (Dinheiro economizado da estada na Chácara das Rosas em Recife!] Já vi fotos dos shows de Roberto Carlos e Chico Buarque de Holanda, e creio que o modelo que tenho também tocaram eles! Tempos atras, já em Fênix, Arizona, uns 15 anos talvez, o violão foi avaliado por um especialista a ter um valor de $1800, e hoje em dia, deveria ser muito mais. O melhor investimento que fiz na vida! E, além disso, excelente instrumento que me trouxe anos de alegria.

Pois, levei o violão, como criança recém nascida, em um táxi à casa dos Kerti onde o guardei por vários meses até a saída para os Estados Unidos em julho de 1967. Lembro-me ainda da luta para poder levar o violão a bordo o vôo de volta aos EUA; queriam colocá-lo na parte da bagagem onde certamente se racharia. Persistindo, pude colocá-lo no "guardaroupa" dos granfinos de primeira classe. Mas, anos depois, o calor e a falta de humidade no Arizona já fizeram que o violão se rachasse, mas, mandei consertar, e toco ainda hoje em dia.

Apesar de Tudo, a Pesquisa e a Campanha Nacional do Folclore

Ainda naqueles primeiros dias comecei a pesquisa, primeiro na Campanha Nacional de Folclore no centro (em frente do velho prédio do MEC, o famoso com as colunas e janelas feitas por Corbusier e logo Niemeyerl). Foi na Campanha que conheci Renato Almeida, diretor da Campanha e folclorista dos primeiros na época. Mas, mais importante para mim foi a amizade ganha com Vicente Salles, segundo em comando, diretor da "Revista Brasileira de Folclore", e ademais, oriundo de Belém do Pará e grande estudioso da literatura de cordel da Editora Guajarina da mesma cidade. Vicente, pois, me facilitou o uso da pequena biblioteca da Campanha, dando dicas excelentes para a pesquisa, e, eventualmente aceitando um capítulo da minha disertação de Ph.D. para a revista, minha primeira publicação de "peso" no Brasil (faria mais um artigo sobre a contracapa no cordel que saiu na Revista uns anos depois). Vicente e a esposa, violinista da Orquestra Sinfônica do Rio de Janeiro, um pouco depois, fizeram a mudança para a nova capital de Brasília onde ele chefiaria a famosa e prestigiosa revista nacional "Cultura".

Pois, foi aí na campanha que consegui, através do Vicente, "dicas" para conhecer Orígenes Lessa e seus artigos na Revista Esso e Anhembi, trabalho seminal sobre o cordel. Seria um dos primeiros passos de pesquisa, pois, no Rio, e Orígenes depois chegaria a ser não só ótimo orientador dos estudos meus, mas, também grande amigo nos anos depois.

A Comissão Fulbright e a Rivalidade Norte-Sul

Naqueles primeiros dias no Rio, em dezembro de 1966, andei muito, fazendo caminhatas pelo centro da cidade, conhecendo bem a Avenida Rio Branco, e conhecendo o Dr. Fernando Bessa da comissão Fulbright no Brasil (com a bolsa Fulbright que tinha eu, houve momentos de ficar em contato com ele – me lembro que ele tentou "abrir meus olhos" à verdade entre a cultura nordestina e a cultura do Modernismo do Centro-Sul do Brasil). Ele era sociólogo e expressou uma atitude bastante negativa sobre Gilberto Freyre, mantendo que o movimento intelectual do Freyre, o "Movimento Regionalista do Nordeste" foi realmente segundo ao Modernismo de Mário de Andrade e outros no Sul, modelando-se no movimento do Sul, e que a contribuição do Freyre não fosse tão grande como badalada. Inveja? Verdade? Mas, com certeza, a conversa foi uma indicação do preconceito e até a inimizade entre os intelectuais do Nordeste e do Sul, preconceito que experimentaria eu muitíssimo através os anos! E, estou falando dos "grandes" - nem falar dos pobres e humildes poetas de cordel; o cordel sendo considerado por um dos Buarques de Holanda em dicionário muito respeitado nacional, "uma literatura de pouco valor e prestígio". Anos depois, o autor emendaria o verbete para algo um pouco melhor. Mas, as conversas com o Dr. Bessa me deram certa perspectiva. Lembro de conversas com Ariano Suassuna, na época, e também de Câmara Cascudo, de preferir-se serem "intelectuais de província" e ficar longe do Sul! Em fim, o preconceito vai nos dois lados, nenhum está livre.

Cinema e o Nordeste

No Rio de Janeiro assistiria a muitos filmes, sempre interessando-me aqueles com motivo do Nordeste, sua literatura e seu folclore. Vi o "Riacho de Sangue", filmado em Pernambuco e Paraíba, em cores, filme que conta de maneira bastante livre e liberal a história do Beato Lourenço e o "boi sagrado" de Juazeiro do Padre Cícero. Houve cenas de lutas com os soldados do governo, de cangaceiros, da luta entre o rico coronel e o sertanejo valente. Enredo que veio direto do cordel! Mas, foi uma versão totalmente romantizada e exagerada. Foi a primeira vez que assisti no Sul filmes sobre aquela cultura nordestina, fenômeno importante para ser tratado depois da tese.

Na mesma época vi o filme, hoje considerado um clássico, "O Cangaceiro" de Lima Barreto, a versão, se não me engano, de 1954. Filme em branco e preto, pobre de som, etc. era um dos primeiros no Brasil a tratar o fenômeno do cangaço, e o fez de maneira "idealista" ou "romantizada". Deu-me a impressão de ser a versão brasileira equivalente a um velho filme de Gene Autry ou Roy Rogers dos EUA, heróis dos filmes "bangue-bangue" do faroeste americano. Outra coisa, pois, foram os filmes de Glauber Rocha, como "Deus e o Diabo na Terra do Sol", a serem comentados daqui a pouco.

Víspera de Natal no Rio de Janeiro

Nos quase 40 anos de convivência com os Brasileiros, só passei o Natal uma vez no país, e foi na casa dos Kerti no Rio de Janeiro em 1966. Acho que a Dona Penha (mãe de Henrique) fez questão de fazer o possível para eu não me sentir tão "fora de casa", longe dos EUA e com saudades da família. Houve, primeiro, uma troca de presentes na sua casa, e logo fomos à casa da irmã da Penha para o jantar de vísperas de Natal (peru, presunto, e muito mais; e champagne a fazer os brindes tradicionais). Depois houve um passeio de carro ao longo das praias de Leblon e Ipanema a ver as decorações de Natal. Haviam poucos; Os Kerti disseram que a economia estava na "fossa" aquele ano, um mau ano comercialmente, as vendas 35 por cento menos do que o ano anterior, a inflação subindo, e os preços aumentando. Estávamos no auge do regime do primeiro Presidente militar, General Castelo Branco do Ceará, e o ministro da economia, Roberto Campos e seu programa de "austeridade" a endireitar a economia brasileira. Seriam ele e os colegas que seriam adeptos da devaluação da moeda brasileira e do "cruzeiro novo".

Voltando à ceia de Natal, "fotografia" outra de momentos com a classe alta carioca: havia muita conversa, bom papo, um pouco de cantar canções de Natal, o jantar, mais canções e conversa. Entre os convidados e parentes, houve um diplomata que já servira em Bogotá e Buenos Aires, e agora era um dos assessores para as viagens do Castelo Branco dentro do Brasil. Outros presentes: a irmã de Penha e seu esposo – arquiteto que fizera o Museu de Arte Sacra em Salvador e agora lecionava na Universidade Federal no Rio. Mas, igualmente impressionante para mim, foi o fim da noite – Henrique, Cristiano, eu e colegas fomos ao Clube-Bar de Sacha's em Copacabana. Era realmente uma discoteca. Estavam aí o pessoal do "creme" do Rio – de smoking e vestido formal de moça, etc. Chegamos em casa as 4 da madrugada!

Missa de Natal no outro dia. Pouca coisa. Ao ar aberto no fim da praia de Copacabana. Experiência nova, apesar de tudo. Jovens, "jovem guarda", um padre "pra frente", bastante informal. E o calor do verão carioca.

Nesses dias chovia incessantemente no estado e a cidade do Rio. Havia desabamentos de prédios de apartamentos em toda a zona sul, e também, barracas de favela caindo dos morros. Chuva tropical!

Pesquisa Séria, a Estada na Casa de Rui Barbosa em Botafogo

Também nesses dias comecei a pesquisa na famosa Casa de Rui Barbosa em Botafogo. História comprida mas importante. Rui Barbosa era provavelmente o estadista mais importante na História do Brasil, embaixador, candidato à presidência, e importante na fundação da Liga de Nações na Haia no começo do século. Figura lendária, quase folclórica no Brasil – intelectual, advogado de grandes causas, e poliglota! Dizia-se que até ensinava fundamentos de inglês à propria Rainha da Inglaterra! Pois, morreu, e fizeram parque, museu, biblioteca e centro de pesquisa na casa solar dele em Botafogo. E a biblioteca era uma das melhores particulares do Brasil.

O fato de ter, talvez, o melhor acervo da literatura de cordel no Brasil na Casa de Rui foi tudo uma espécie de acidente de vida intelectual. Porque Rui Barbosa era tão conhecido como poliglota, fundaram uma seção de Filologia no Centro de Pesquisas. Aí, dentro desta seção bastante séria alguém sugeriu que devessem também se interessar pela língua falada e popular no Brasil. Daí, só foi um passo para o interesse na "literatura popular em versos", a literatura servindo de arquivo do português do "povo" do Nordeste. Devido ao "peso" de intelectuais como Manuel Cavalcanti Proença, Manuel Diégues Júnior (pai do cineasta Cacá) um dos antropólogos culturais mais conhecidos no país, o escritor Orígenes Lessa, e outros não menos importantes, a CRB deu fondos e verba ao Proença ir ao Norte e Nordeste e "resgatar" o que ficava do velho cordel com o propósito de criar um acervo definitivo para a literatura popular em verso no Brasil. Pois, assim foi que fizeram. Entre os milhares de títulos ficaram os originais de Leandro Gomes de Barros, o melhor de todo o cordel. Em fim, juntaram o comprado no Nordeste com as coleções de Proença, Lessa, e Diégues Júnior, e acabou tudo sendo provavelmente o melhor acervo no Brasil. Tudo foi feito com a idéia de preservar os romances e folhetos em verso, e estudar a língua brasileira dentro deles. Eventualmente fizeram catálogos, antologias, volumes de estudo, etc.

Pois, foi aí na Casa que fiz meu ponto principal de pesquisa no Rio e teria vários estágios depois no Brasil onde faria pesquisa, leitura etc. na sua biblioteca e conheceria os mestres. Foi questão de ler os originais, tomar nota a mão em fichas de cartão; nem sonhar em máquina xerox. Evidentemente, meu trabalho, minha persisténcia e o resto pagaram dividendas. O chefe do Centro de Pesquisa, Professor Thiers Martins, professor de literatura na UFRJ, me convidou a participar no primeiro volume de estudos a ser feito pela CRB. Saiu o volume em 1973, e fiquei na boa companhia dos conhecedores do cordel mais importantes na Nação: Raquel de Queiróz, Manuel Diégues Júnior, Braulio do Nascimento, e o próprio Ariano Suassuna. Foi este estudo, e o já mencionado na "Revista Brasileira de Folclore", que abriram caminho ao éxito da futura carreira. Publicaria dois livros mais com ligação à Casa de Rui, uma monografia sobre Jorge Amado e o livro sobre Rodolfo Coelho Cavalcanti, co-editado pela Nova Fronteira em 1987.

Sebastião Nunes Batista na Feira de São Cristóvão, Rio de Janeiro

Foi na casa em 1966 que conheci Sebastião Nunes Batista, da família mais famosa de poetas folclóricos do Nordeste. Filho de Francisco das Chagas Batista, irmão de Pedro, etc. Sebastião chegaria a ser um dos amigos melhores de todos os anos no Brasil, e guia-cicerone não só no cordel, mas na cultura e vida Brasileira (inclusive na umbanda do Rio). A amizade só começava em 1966; aumentaria através os vários estágios de pesquisa nos anos vindouros no Brasil.

Bumba Meu Boi pela Primeira Vez

No 30 de dezembro houve um momento muito belo - fui para o Largo de Machado no Bairro de Flamengo a ver por primeira vez o baile-folguedo popular famoso do Bumba Meu Boi. Realmente uma espécie de "auto popular" nordestino, este folguedo popular seria feito pelos nordestinos já radicados no Rio. Na época o Largo era conhecido como um, entre muitos, dos lugares de encontro de nordestinos no Rio, todos eles migrantes. Havia folhetos e romances de cordel à venda também. O momento era irónico, porque naturalmente esperava ver o Bumba no Nordeste (ou no Norte, famoso em Maranhão, mas, também com uma variante famosa em Amazonas), e não tinha feito isso.

Havia muitos "matutos" presentes na praça, um deles dançando à música da "rabeca" e violão, a rabeca tocada do ombro, estilo sertanjeo. Foi aí que conheci uma grande figura da cultura nordestina, homem cuja fama só cresceria nos anos vindouros -João José dos Santos ou "Azulão", de fama principal no Rio de cantador e poeta importante da literatura de cordel no Sul. Azulão descansava de quando em quando da apresentação do Bumba do qual fazia parte, a tomar cerveja em um pé-sujo ao lado da praça, e foi aí que conversamos. No bar Azulão cantava canções do sertão, e outro senhor do Ceará improvisava versos.

A "Peça" descrita aqui por um "novato" à mesma era mais ou menos assim com as seguintes personagens: Matéu, uma "negra" (o papel foi feito por um homem, ator caraterizado de negro,) os galans em chapéus com fitas, espelhos e espadinhas, e o "boi", branco com manchas vermelhas. O baile e a música eram lindas. Fiquei até meia-noite, e ainda não tinha se concluído a peça. O "boi" já tinha morrido, foi "ressucitado" e foi seguido por "amigo urso". A apresentação foi patrocinada pela prefeitura do Rio; sem tais fondos não poderia acontecer (ver o livro sobre "Bumba Meu Boi" de Hermilo Borba Filho, livro "clássico" sobre o tema.)

Víspera de Ano Novo no Rio – Evento Memorável no Brasil

A festa vai também pelo nome francês de "reveillon", uma "coisa" sem par no Brasil, e talvez no mundo. Cheguei, pois, à praia de Copacabana às dez da noite. Havia milhares e milhares de pessoas nas ruas e nas praias, muitos trazendo velas brancas e flores brancas, homenagen a Iemanjá, deusa do mar no culto espírita afro-brasileira. A homenagem pode ser vista em muitas partes do Brasil, sempre onde houver religião africana. É famosa na Bahia, mas em outra data, dia 2 de fevereiro, com grande festival. Dorival Caimi teve fama de compor e cantar a música "Dia 2 de fevereiro" comemorando a festa tal como é em Salvador.

Umbanda na Praia de Copacabana, Reveillon, Rio de Janeiro

Toda a largura da grande praia de Copacabana, em "crescente" como meia lua, estava lotada de gente e membros dos cultos homenageando a deusa, vestidos na roupa tradicional do candomblé - mulheres em grandes saias brancas ou azuis, com colares, pulseiras de ouro, e, homens em branco, talvez os oguns. Vi uns que foram à praia e colocaram uma ou duas velas na aréia, encenderam-nas e ofereceram orações. Mas, havia muitos grupos de talvez 100 pessoas, em rodas com centenas de velas acesas (Iemanjá é deusa também na Umbanda, e quem sabe quantos da multidão pertenciam a esse culto). A maior parte do pessoal era preta, mas, também vi participando brancos e brancas.

133

Havia os cantos e bailes associados com o culto. Não é fácil descrever a cena tão impressionante pelo tamanho e pelo "movimento".

Com o toque de meia-noite, bombas e foguetes estouraram em todos os seis kilômetros de praia, e, o ar (sem vento, muito calmo) estava totalmente cheio da fumaça que resultava dos fogos. A oferta oficial a Iemanjá é feita por mães e pais de santo, ou os filhos e filhas, todos na vestimenta descrita. Vi estas ofertas feitas por gente que entrava um pouco nas ondas do mar e jogava ou empurrava cestas com a oferta - flores, comidas, seja o que for. O conceito do folclore é o seguinte: se a oftera for puxada pelas ondas por mar adentro, é sinal que Iemanjá aceita a mesma. Se voltar à praia, há de jogá-la de novo. Também havia pequenas lanchas cheias de gente no meio da bahía, também jogando as ofertas à água.

Vi entre as ofertas cestas de lírios por ser flor branca (predileta de Iemanjá), e garrafas de cachaça e vinho e cerveja. Umas pessoas entravam na água em traje de banho, mas, a maior parte usava a roupa do culto africano (as cores de Iemanjá variam de região em região, azul na Bahia, branco no Rio.) Havia grupos de espíritas de um fim da praia ao outro. Cada grupo "construía" ou fazia uma pequena barreira de aréia para seu grupo; aí dentro preparavam uma espécie de "altar" de velas e flores, em um círculo. Dentro do círculo havia um altar mais grande. Os oguns e mães de santo lideravam os cantos e os bailes. Os grupos variavam, uns bem mais "calados" ou quietos que outros, e havia muitas variantes, evidentemente de um culto a outro.

Havia um grupo, imagino de umbanda, com as mulheres fumando charutos grandes, os líderes com uma espécie de "toque" na cabeça, de estilo indígena de penas de pássaro; imagino do que se chama de umbanda "caboclo". Havia batuques que acompanhavam as danças e bailes, altares com garrafas de oferta, flores e imagens dos "santos". Um grupo era interessante devido ao fato de ser de homens, nus até a cintura e com "toques" indígenas; outro círculo havia com "filhas" dançando ao redor o "altar". Vi várias senhoras em estado de "posse", sendo "cavalgados" pelos santos, (o santo "caiu") - quase em estado de "possessão", o olhar fixo, balançando na dança.

A praia também estava cheia de "turistas", gente como eu, a maior parte brasileiros, mas, também muitos estrangeiros. Também havia muitos namorados, grudados na noite carioca, e uns marginais de trapos farrupados. As ondas eram fortes e lindas, refletindo a luz brilhante que vinha de atrás, luz que parecia vir de todas as janelas abertas dos altos prédios de apartamentos de Copacabana. E parecia que havia gente em todas as janelas vendo o espetáculo, isto junto a refleção de literalmente milhares de velas acesas na praia.

Em fim, para o jovem "folclorista" Curran foi uma experiência incrível, sem par naquele Brasil de 1966-67. Copacabana em qualquer outra noite do ano era impressionante com todo seu "movimento", mas, com o "Reveillon" já descrito, acho que há poucos eventos que chegam a isto no mundo. E, àparte do cenário "folclórico", havia também o pessoal festejando o fim do ano, gente de classe média e alta, vestida em roupa formal de baile e festa, misturados com todos na grande calçada de Copacabana com seus cafés, restaurantes e boites à beira da praia. O contraste deste último toque com o pessoal dos cultos, o "outro" Brasil com o barulho dos tambores, os cantos e bailes do culto, em fim, foi inesquecível, uma verdadeira contraste de culturas dos "dois Brasis".

A cena continuava até as horas "fracas" da madrugada, os restaurantes lotados, engarrafamento de carros na Avenida Atlântica (avenida "pequena" ainda de poucas faixas, isto antes do grande projeto do "aterramento" de Copa feito só poucos anos depois). Fiquei até as 3 da manhã antes de retirar-me à pensão em Posto 6 (outra história a contar).

Os Dias Depois, Vida no Rio de Janeiro, fevereiro de 1967

Foi aí que mudei para a pensão de Dona Júlia (oriunda do Ceará) e sua filha nervosa Dona Maria no Conselheiro Lafaiette em Posto 6 da Copacabana, lugar pesquisado e "aprovado" por Dona Penha Kerti. Soube, só mais tarde, que ficávamos perto da casa de nada menos que Carlos Drummond de Andrade, "Príncipe da Poesia Brasileira" na época, e não longe da residência de João Guimarães Rosa, para mim, o melhor romancista brasileiro do século XX, tema de estudos que faria eu mais tarde. Não sei onde devia entrar nesta "crônica", mas, a vida na pensão era outra coisa - Dona Júlia xingando tudo - políticos, ladrões, capitalistas, malandros - na sua não pequena luta de sobreviver como viúva no Brasil daqueles anos. Através os anos, em vários estágios de pesquisa, eu sempre alugaria quarto nestas pensões, para mim solução mais simples e cômoda. E, quase, quase sempre a pensão alugada era casa de viúva tentando manter-se junto com a família na luta de viver em um país com uma inflação louca, uma vida cada vez mais difícil de viver no Brasil do "milagre" econômico dos militares e Delfim Neto, o Ministro de Finanças, gordo, opulento e famoso. Talvez, e o mais importante, uma coisa que descobriria um pouco mais tarde, a pensão de Dona Júlia ficava bem em frente do prédio com o apartamento da família Ferro Costa e a futura amiga Maria Hortense.

Dona Júlia, era sim "mulher macha" do Norte; nunca ouvi alguém xingar tanto os políticos, os ladrões de feira, a inflação e até as pessoas que alugavam quarto na pensão (só posso imaginar o que tinha dito de mim). Ela e a filha Maria brigavam constantemente, mostrando um nervosimo incrível entre as duas. Só vendo.

A Bahia de Botafogo e o Pão de Açúcar, Rio

A Estátua do Cristo Redentor, Rio

Bonde Indo para o Pão de Açúcar, Rio

Uma Pequena Piada, Curran e o Cristo Redentor

Nesta época de muito calor, dividia eu o tempo na pesquisa na Fundação Casa de Rui Barbosa e visitas à Feira Nordestina, leituras em casa, cinema e daí a pouco a experiência do Carnaval Carioca. Também fazia turismo com Roberto, um amigo Voluntário da Pátria, aos grandes sítios turísticos do Rio. Fomos a e gozamos das praias de Copacabana, Ipanema e Leblon, o Jardim Botânico, Barra de Tijuca, Pão de Açúcar, Zona Norte do Rio com a Feira de São Cristóvão, o Bairro de Meier, e um passeio de ônibus a Petrópolis e o grande museu de Dom Pedro II, tudo sempre com um calor imenso e muita humidade, verão carioca.

Um momento memorável com o amigo foi a ida ao Restaurante "Lisboa à Noite" em Copacabana com "bife à portuguesa", lulas na própria tinta, e o mais importante, música de fado. Segundo entendia, o dono também tinha "O Galo" e "Maxims" em Lisboa, e, conhecia pessoalmente Amália Rodrigues, "diva" do fado da época, que recentemente tinha visitado o mesmo restaurante no Rio. Fez impressão importante em mim o fado: a mulher vestida de preta com "xal", o homem que as vezes a desafiava em versos, e a música de acompanhamento das "guitarradas" de Portugal. Seria uns vinte anos depois que teria de ver o mesmo fenônemo, já na "matriz" em Lisboa, mas, a cena no Rio não era nada inferior.

Maria Hortense na Praia de Ipanema

Foi nesta época que conheci (onde poderia ser exceto na Praia de Ipanema) a moça Maria que seria uma espécie de amiga e namorada (mais sentida por mim do que ela temo dizer) e outras experiências que também marcaram essa minha vida de solteiro americano no Brasil. Acho que foi a boa sorte, morando no prédio imediatamente em frente da família Ferro Costa (pais da Maria) que me deu a oportunidade de estar com essa menina e sua família tão hospitaleira naqueles meses. Capítulo um tanto pessoal, uma espécie de "amor ingênuo" ainda por minha parte, foi, apesar de tudo, algo que marcou a minha vida naquele ano mágico no Brasil, tudo isso antes de conhecer a esposa futura, já de volta aos EUA. Entre outras coisas, foi a Maria que me introduziu à música de Chico Buarque de Holanda, cantor, compositor e músico predileto de toda a minha futura carreira de professor de português na ASU.

Pesquisa e o Começo de uma Odisseia Futura na Cultura Nordestina no Rio – Primeira Vez na Feira de São Cristóvão na Zona Norte do Rio

A Feira de São Cristóvão na zona norte do Rio seria um "ponto" importante na minha pesquisa do cordel durante 30 anos, e começou tudo com minha primeira visita à feira em janeiro de 1967. Nos anos 1950 e ainda nos 60 a Feira era um importante ponto para os migrantes nordestinos já radicados no Grande Rio de se encontrar e matar saudades da velha vida no Nordeste. Em 1967 era gigantesca a feira com tudo que tinham antes nas feiras semanais no Nordeste - comidas, roupa, bebidas, redes, fumo de rolo, etc. Mais importante, a feira servia de ponto de socializar e de ouvir música do velho Nordeste na forma dos trios de música logo chamada de "forró" (o trio estava composto de triângulo, tambor, e sanfona, os músicos vestidos de chapéu de couro,etc., embora não tão estilizado como Luís Gonzaga de fama de gravação de disco, fita e depois CD).

Nesta, a primeira de outras visitas, quase semanais, conheci um velho senhor preto originalmente de Manaus que vendia folhetos da Editora Prelúdio de São Paulo e "bugigangas" para ganhar o pão da vida. Considerava-se um homem "piadoso" com o dom de predicar a palavra de Deus. Também comprei vários folhetos de um dos poetas veteranos da Feira Nordestina, Antônio Oliveira, que tinha estoque também de Ceará. Recebe os folhetos através do correio e me vendeu vários com "desconto".

O Poeta Cordeliano "Azulão" na Feira de São Cristóvão, Zona Norte, Rio de Janeiro

Também me encontrei com o já falado José João dos Santos, "Azulão," que vendia além dos romances e folhetos de sua própria autoria, o mesmo do Prelúdio. Baixinho, de 38 anos de idade (veria o processo de "madurar" de Azulão através os anos na feira, deste encontro até os anos 1980.) Usava um pequeno sistema de som, com microfone, para "cantar" e vender seu estoque. Muito simpático, com talento de "showmanship", misturava a declamação ou o cantar com muitas piadas e "apartes" aos fregueses, isso emquanto vendia os livrinhos ao público (a minha descrição do poeta na feira no livro de 1973 em Pernambuco se baseava em parte neste comportamento de Azulão no Rio).

Em outro volume comentarei a descrição "clássica" da feira da Zona Norte pelo folclorista Raúl Lody, e minhas futures visitas à mesma.

Pot-pourri, Rio de Janeiro, janeiro de 1967

-- Fui a missa no fim da praia perto do Forte em Copacabana aquela mesma tarde do domingo na Feira de São Cristóvão, missa de música sagrada "moderna". Houve um bilhete distribuído a todos, advertindo que as mulheres não deviam vir a missa com vestido ou blusa "decotada", fato também mencionado pelo padre durante o sermão.

-- Estive com Sebastião Nunes Batista na Casa de Rui Barbosa, conversando sobre o poeta Rodolfo Coelho Cavalcante na Bahia e sua extrema visão moralista nos versos. Acreditava Sebastião que tudo era devido à conversão ao Protestantismo de Rodolfo na juventude (saberia eu muito mais disso anos depois a fazer artigos profissionais e logo um livro importante sobre Rodolfo, isso nos anos 1980). Mas, disso viriam o conservadorismo e caráter moral de seus versos.

-- Houve uma visita inesquecível ao Mosteiro de São Bento no velho centro do Rio, tudo arranjado através de Dona Júlia da pensão. Foi a primeira vez que eu tinha conhecido um mosteiro, esta através do Padre Jerônimo e Padre Tito; almoçamos no "refeitório" com todos os monges, e havia um silêncio completo emquanto escutávamos todas as leituras sagradas. E, depois, me brindaram um "tour" incrível do Mosteiro (do século 16, 17 no Rio): altares banhados de ouro e vídrio colorido das janelas. Voltaria anos mais tarde a documentar com slides o interior do Mosteiro.

-- Fim de janeiro de 1967. Houve chuvas pesadas incessantes, cheias e mortes na cidade inteira. Faltava água, luz e gas às vezes até nos bairros lindos da cidade (nem falar das favelas). Quando saía de casa, levava sempre uma pequena vela e fósforos, isso para descer e subir a escada do prédio de apartamentos onde morava (devia ser no séptimo ou oitavo andar). Foi nesses dias que de vez em quando o bonde elétrico que subia ao Pão de Açúcar ficou parado no meio do percurso, balançando no ar! Havia muitos desabamentos de prédios e barracas de favelas caindo dos morros.

O Carnaval no Rio – Grande Espetáculo do Tempo no Brasil

Uma premissa: eu, solteiro e sonhador, vim ao Brasil em parte para conhecer este espetáculo, em parte já idealizado pelo filme "Orféu Negro" visto antes durante dias de escola na Saint Louis University. Pois, "brinquei" o carnaval no Rio em 1967 com um grupo realmente internacional, a base sendo americanos radicados no Rio e trabalhando em diversos lugares – o USIS, Voluntários da Pátria, etc. Também havia muitos estudantes na "turma" - de Japão, Itália e do Brasil. Através dos Americanos ganhei acesso às festas associadas com a embaixada ou consulado americano em partes lindas da cidade, i.e. Urca. Foi nesses dias que conheci uma moça americana linda de Boston, a Patrícia, uma enfermeira nos Voluntários morando em Flamengo. Mandamos muita "brasa" naqueles dias - dias inesquecíveis para o joven americano. (No mês depois do carnaval começou uma coisa também séria, a amizade e "namoro" da Maria Hortense já falada).

Deixe contar os dias do meu carnaval.

1 de fevereiro. Conheci o pessoal do consulado e entrei no seu grupo: Glória, Paula, Wanda, Janie, Gino (Italiano de Trieste, cara interessante que fez visita à famosa Rerserva dos Índios no Rio Xingú), Mário (da Fiorenze), todos conhecidos em uma festa.

3 de fevereiro. Festa na casa da Glória para "planejar" o Carnaval: dançar, beber, músicas de carnaval, violão.

4 de fevereiro. Grande festa de carnaval na casa do diretor do USAID na Urca. Chuva tremenda, mas quente, todos nós completamente molhados pela chuva, mesmo assim, pulando de alegria ao som de uma verdadeira banda de carnaval, isso é, molhado de chuva e o suor de sambar através as horas. A banda era de pretos, supostamente ligados a uma das grandes escolas - banda repleta de tambores, trompeta, clarinete, e trombone, banda que tocava até as horas "fracas" da madrugada. E noite de muita, muita bebida por parte de todos.

5 de fevereiro: Na praia para "suar fora" a ressaca da noite anterior. Aquela noite fomos à Avenida Copacabana, em frente do Copacabana Palace Hotel, para ver a chegada de todos os famosos "fantasiados" para o concurso de fantasias no grande baile de carnaval do mesmo hotel. A entrada era cara e difícil, daí, nós vimos tudo de lá fora. Esqueço os nomes dos fantasiados, mas, estes foram os famosos que fazem papel em todos os grandes bailes de carnaval, às vezes com fantasia diferente para cada baile. Todos saíram em reportagens em "Manchete" e "Fatos e Fotos." De parte, o Carnaval sempre convidava uma "hóspede de honra", aquele ano foi nada menos que Gina Lollobrigida! Mandou brasa!

6 fe fevereiro. Praia de Ipanema, depois festa outra vez na casa da Glória, depois uma louca corrida no automóvel conversível de alguém do grupo ao centro. O carro enguiçou no meio de uma das ruas principais no Centro, todos nós empurrando de atrás, e, depois, houve a chegada de um polícia. "Fora daqui com aquela merda!" Carnaval de rua, avenidas lotadas, música, dança de samba, grupos perto da Candelária. Depois, houve outro aspecto do carnaval: fomos a uma festa de clube em Jacarepaguá, clube modesto, gente mais modesta, mas muito divertido com o samba. Depois, a volta a Presidente Vargas a dançar, pular e ver o movimento.

7 de fevereiro -- Fomos ao centro, à Presidente Vargas a ver o "movimento". Havia massas de gente dançando nas ruas, os "blocos" e "ranchos" se desfilando durante o dia na avenida. Esta é a cena dos "sujos", dos "Índios" etc., muito movimento, ruas lotadas. Quase uma histéria no povão na rua, incrível. Aquela noite ao Clube Paissandú com a turma, sambar até as 4 da madrugada.

8 de fevereiro – a noite "máxima" do Carnaval. A turma inteira fomos ao Rio Branco, caminhamos depois à Avenida Presidente Vargas e entramos na "arquibancada" para ver o grande desfile das escolas de samba. Gino, o Italiano, tinha arranjado entradas, não sei como, e houve uma encrenca para entrar, mas, logo entramos. O lugar foi excelente para ver tudo, bem pertinho das câmaras da televisão mostrando tudo ao Brasil inteiro.

Isso foi o carnaval tão badalado, a grande noite dos desfiles das Escolas de Samba na Avenida Presidente Vargas no Centro. Nessa longa noite do "máximo" do carnaval carioca, passaram primeiro as "sociedades", ou seja, grupos alegóricos nos carros enfeitados – me lembro de fantasias de bois, vaqueiros nordestinos, grandes abelhas, conjuntos de carnaval nos velhos calhambeques (carros antigos, soube depois, essenciais no carnaval pioneiro no começo dos anos XX no Rio).

Mas, aí vieram as badaladas e famosas Escolas de Samba (sempre lembrando a Escola de Samba do "Orféu Negro" do filme), a parte para mim mais impressionante de tudo. Havia literalmente milhares de pessoas em cada escola, cada escola com um tema, uma música do tema-enredo decorado e cantado por todos, e uma organização complexa em cada escola (estudaria isso em detalhe só mais tarde para apresentar tudo às aulas no Arizona). Havia, primeiro, a comissão de frente (lembro de uma comissão, todos homens retintos em ternos brancos de linho, vestimenta do "malandro" famoso do Rio.) Anos depois me lembraria disso ao ver a estréia da "Ópera do Malandro" do Chico Buarque. Logo vinham os passistas, realmente incríveis dançantes, homens e mulheres, a porta-estandarte da escola com a bandeira, as "azas" com variantes do tema, e não menos importante, a "bateria" com literalmente centenas de percussionistas de toda índole.

Sambista da Escola de Samba do Salgueiro, Rio

Lembro da Escola de Salgueiro com seu tema de "liberdade", as cores branco e vermelho, sub-temas de Tiradentes, da abolição dos escravos, fantasias lindíssimas e ricas, a ala das bahianas - senhoras às vezes gordas, nos vestidos da Bahia e do candomblé. Também lembro a Escola de Vila Isabel: fantasias, passistas, pandeiristas. Da Mangueira -- verde e cor de rosa. A noite era longa, cansativa, mas linda - para mim, um evento único (e ainda não repetido) nessa odisséia brasileira.

Ainda acordados, experimentamos o amanhecer do Carnaval no Rio, um momento longo, colorido e romântico, sempre trazendo memórias das cenas do amanhecer do morro do filme "Orféu". Devido a uma máquina fotográfica pequena, boa, mas, sem flash, os meus slides eram poucos, mas tive a sorte de tirar gente das escolas já na madrugada, dormindo nas ruas. (Uma delas é a foto em cima, uma das passistas do Salgueiro que estavam na capa de "Manchete" dias depois).

No outro dia, veio Quarta Feira de Cinzas, mas, os cariocas não estavam prontos para tudo acabar. Fizeram outro desfile na Avenida Atlântica da escola que ganhara primeiro lugar no concurso - a famosa Mangueira. Foi carnaval de novo com milhares de pessoas nas ruas sambando e vendo "a banda passar" (lembra a música de tremendo êxito do Chico Buarque de Holanda na época). O barulho e o calor eram quase que insoportáveis!

Em fim, tudo foi espetáculo, um grande momento no meu primeiro estágio no Brasil. É difícil explicar; não sou normalmente gente de barulho, grande festa e muito menos de fantasia, mas, sendo solteiro e querendo não ser um "quadrado", entrei na dança aquela única vez. Pulei, sim senhor.

Pot-pourri de Novo

-- Foi naqueles dias que eu, violonista amador, tive um encontro com um violonista radicado no Rio, de nome Araújo. O homem me contou de sua amizade com Laurindo Almeida durante os dias de juventude. Os dois aprendendo a tocar violão clássico, Laurindo tomou a decisão de sair do Brasil, acreditando que a terra não oferecia futuro para o violão clássico, e foi para Estados Unidos. A história não acabou ai – Laurindo Almeida chegou a ser um dos violonistas mais conhecidos do mundo, fazendo gravação LP, "sound track" de filmes de Hollywood, e não menos importante, virou um dos grandes no mundo da música jazz e bossa nova. O amigo Araújo ficou no Brasil, tocando samba no rádio, e, obviamente, sentindo certa pena que não tivesse seguido o caminho do Almeida. Mostra o dito que a música clássica no Brasil foi uma luta, pelo menos, para o violão clássico.

-- De vez em quando, devido a condições de tempo, clima, lua, não sei que, a praia de Copacabana ficava exposta à "ressaca", isso é, ondas gigantescas, maré alta, e com a "pequena" Avenida Atlântica daquela época, as águas do mar atravessavam a avenida e pegavam fortes em contra os próprios prédios de apartamentos no outro lado do mar. Já com o "aterro" novo, feito mais tarde, a avenida muito mais larga de anos depois, isso já deixou de acontecer, mas, valeu a pena ve-lo.

-- Uma noite emquanto tomávamos cerveja e conversávamos no Castelinho, de repente, se ouviu o alto businar de carros, e, logo, passou um fusca com a janela aberta e viu-se o traseiro branquinho de alguém "acenando" para o pessoal do bar! O mundo não é tão pequeno; esse costume internacional estava "vivo" no Brasil.

-- Vi por primeira vez o filme "Pagador de Promessas" que ia ser tão importante em futuras pesquisas na Bahia e aulas de literatura em ASU. Também vi a peça "Zumbi dos Palmares", do grupo Arena, grupo badalado e importante na época, muito à tona com a questão da censura do governo militar, coisa que contarei em outro lugar mais tarde porque ficou mais "forte" em anos futuros. A peça foi uma louvação da liberdade, do quilombo de Palmares e seu líder Zumbi, mas, indiretamente uma reclamação da ditadura militar. Música de Edu Lobo.

-- Primeiro passeio à Ilha do Paquetá na Bahia da Guanabara. O barco estava totalmente lotado (eu com imagens de "ferries" afogândo-se na Ásia), ai! A gente estava em pé a viagem inteira. Vimos os botos na Bahia de Guanabara, apesar da poluição famosa. Alugamos bicicletas a rodar a ilha, mas, não nos atrevemos a tomar banho, a água não parecendo muito boa para isso (pouco depois, um artigo na "Veja" confirmou a suspeita). Foi a mesma turma que fizemos o carnaval. A maior parte do pessoal na Ilha era "povão". Valia o passeio especialmente pela vista da bahia, os navios da marinha do Brasil, e a vista de Niterói e o Rio na volta.

-- Morros e favelas. Subi um pouco (sozinho) um dos morros, este em cima do túnel no fim da Copacabana, perto da Rua Barata Ribeiro. A única subida era por uma vereda de barro, bastante acantilada e em péssimas condições devido às chuvas recentes. Havia regos causados pela água e tablas de madeira em cima, usadas estas como "pontes". As casinhas ou melhor, barracas, em cima, eram de madeira, teto de metal, tudo sem orden, muito confuso. Não havia fonte de água em cima, mas vi mulheres e crianças com baldes na mão indo e subindo o morro o tempo todo. Havia uma torneira de água corrente ao pé do morro onde enchiam os baldes (para o romântico, imbuído do idealismo de um "Orféu Negro" com cenas iguais a começar o filme, tudo parecia familiar). Também vi muita gente tomando banho de balde de água aí perto da torneira.

Em baixo do morro havia os prédios bonitos de apartamentos e ainda uns casarões com quintal verde, raridade no Rio dos 60, isso em contraste às barracas lá em cima. Só se via gente preta. Andei um pouco, agora na parte de atrás de Ipanema, e aí o morro tinha se deslizado. Via-se o solo vermelho do morro deslizado, isso pelas chuvas recentes, e as barracas que tinham caido para baixo. Lá em cima, alguém, talvez o pessoal da prefeitura, estava com máquinas para estabilizar o morro. Havia, na época, artigos no jornal falando do plano do governo de tomar os terrenos das favelas, em todo o Rio, e fazer mudar a gente pobre à Baixada Fluminense, famosa pela pobreza e crime, onde haveria novos projetos de casas feitas especialmente para o "proletariado". Disseram-me que a situação se repetia cada ano durante a época da chuva - as ameaças do governo de acabar com as favelas no Rio. Retroperspectiva: parecia-me, anos mais tarde, que nada foi feito; de fato piorou. Hoje em dia as favelas são zona de guerra entre narco-traficantes nos morros e a polícia e polícia militar em baixo. O problema daquela época é igual a hoje: muitas das pessoas das favelas em cima de Copacabana, Leme, Ipanema, Leblon, Botafogo, etc. trabalham de porteiros na Zona Sul; as senhoras são lavadeiras para gente abastada (ver o folheto de cordel de Azulão do "Trem da Central" e o que acontece com essa gente pobre). O governo diz que os favelados não melhoram seus terrenos e barracas porque não são donos da propriedade e tudo é um círculo vicioso. Mesmo assim, o aluguel pago a não sei quem, é uma loucura. A idéia de morar em favela e que é vida barata é mentira.

-- Eu e a Patrícia, dos Voluntários, tomamos o Bonde da Lapa até Santa Teresa, passeio memorável, lembrando o bonde de Orféu.

-- A família Ferro Costa. O pai, Clóvis Ferro Costa, era diputado federal, estado do Pará, antes da Revolução de 1964. Considerado esquerdista, teve os direitos políticos cassados; ele estava na "lista" dos militares, como outros, muitos, que fugiram do país ou entraram no exilio voluntario (falarei em volume futuro do caso de Chico Buarque, Caetano Veloso, Gerardo Vandré e outros). Advogado e político e homem de negócios com uma biblioteca impressionante em casa, uma noite na casa dele conheci Lamartine Távora, diputado cassado do Recife, do mesmo fado que Clóvis, e houve um papo interessante: Larmartine falou do MEB, Movimento Educacional de Base, dos anos 1960 no Nordeste antes da Revolução (um parente dele era o chefe do mesmo) e falou dos esforços para melhorar o Nordeste e o Brasil. Falou largamente dos problemas do Brasil agora em 1967: a corrupção no governo militar atual, a explotação do Brasil por capital extrangeiro (com muitos exemplos e estadísticas por Clóvis), e os recursos minerais de sub-solo já vendidos aos extrangeiros e suas firmas. Larmatine explicou que o governo novo fechou o MEB por "motivos de subversão" porque estava ensinando ao povo o que era a verdadeira realidade do Brasil, isso através do rádio e até folhetos de cordel. O governo militar condenou totalmente o que tinha de politica e governo no Brasil antes de 1964. A conversa "abriu" meus olhos à opinião e estatus da "oposição" em 1967, uma oposição educada e informada. Os dois ex-políticos revelaram que havia no Brasil um tremendo problema de "informação" - (diria eu, como nos Estados Unidos na época da segunda Guerra com Iraque) – isso é, a luta para saber a verdade da situação, levando em conta a propaganda do governo militar e o SNI, Serviço Nacional de Informação. Impossível saber a verdade sem ter "fontes a dentro".

Era importante, já sabia, como bolsista Americano nos 1960, não saber demais, e o folclore era considerado algo não perigoso (as piadas dos amigos no Nordeste sobre a CIA, e o que eu estava fazendo no Brasil não cairam do ar). A verdade é que ficava eu longe de tudo isso, principalmente pela ingenuidade ou inocência, e não decisão conciente. Tempos depois, no Pará, me encontraria com uma pessoa que falou o diabo do Ferro Costa. Sei que ainda tinha negócios de companhia de concreto, imagino no Norte, e que tinha feito negócios para exportação do mesmo a Czechoslovákia, isso em si motivo para ser suspeito na época. Hoje em dia, depois de muito estudo, do passar do tempo e as revelações depois da queda da "Redentora", a posição de gente como Ferro Costa se entende bem melhor. O que sim, era aparente na época, era que a família me tratava bem. Imagino que todos se deram conta do "gringo ingênuo". Eu, católico, estudioso, estava longe de meter o nariz onde não devia (como estava longe de se dar conta da situação verdadeira internacional de Vietnam). Houve uma meta: fazer a pesquisa, defender a tese e ser professor de língua e literatura nos EUA.

-- Como falei, era bom ser bolsista e "folclorista". Fui convidado a dar uma palestra uma tarde às senhoras respetáveis do "bairro americano" no Rio na hora do "chá". Fui lá, não me lembro onde, mas acho que em Laranjeiras, e falei sobre o folclore nordestino, o cordel e o resto. Acho que até vesti gravata para a ocasião. O prêmio foi uma linda jangada de cobre que guardo ainda hoje em dia em casa.

-- Dia importante, ainda mais importante com a perspectiva dos anos vindouros. Finalmente cheguei a converser largamente com o escritor Orígenes Lessa, isso no seu apartamento na Avenida Atlântica. Ou estava em processo de desquite ou divórcio, não sei, mas andava em processo de mudar de apartamento. Mas, o papo foi bom: deu "dicas" sobre o cordel, que conhecia como ninguém naquela época no Brasil, falando de José Bernardo da Silva, Rodolfo Coelho Cavalcante, Cuíca de Santo Amaro, e Manoel Camilo dos Santos. Nem pudesse imaginar eu a importância da amizade em dias e anos futuros no Brasil. Seria um dos cicerones melhores, orientador informal dos melhores, e importante nas futuras publicações e pesquisa no Brasil. Falarei muito mais adiante. Só vale aqui dizer que tinha feito artigos em revistas, artigos seminais para o futuro estudo do cordel, e faria um livro sobre nada menos que o presidente Getúlio Vargas e o cordel, isso em 1973. Orígenes foi instrumental também na coletânea da Casa de Rui Barbosa do cordel nos anos 1950, 1960 e 1970, e importante na carreira de Rodolfo Coelho Cavalcante e outros. História larga, direi mais em outro volume.

-- 15 de março, 1967. O general Costa e Silva foi "coroado" hoje como novo presidente do Brasil, seguindo o colega Castelo Branco. Foi nesse dia que o TRIBUNA DA IMPRENSA fez um número histórico sobre Castelo Branco: tinha chegado ao ultimo dia em sua contagem descente até zero, isso é, até o dia final do General Castelo Branco. Pois, no dia final o jornal saiu à rua com um grande número 1 em vermelho na capa; a contra capa estava repleta de todas as fotos mais feias possíveis do general. O editor, Hélio Fernandes, de presente, foi "cassado", e o jornal fechado. Isto foi prova da censura e repressão do momento, mas, não seria nada em comparação ao que viria depois.

-- 19 de março. Fomos ao Maracaná a ver o jogo de Flamengo e Santos, o Rei Pelé ainda a estrela de Santos. Escore final: Santos 1, Flamengo 0. Era dia de chuva torrencial, o campo um mar de lama. Vi pouco do estilo do grande porque sentávamos tão longe do campo. Outra vez vi a molecagem dos em pé no "fosso" que cercava o campo de jogo. No intervalo um cara desses pulou a cerca entre o "fosso" e o campo de jogo, e os "macacos" ou polícias correram ao campo para depois pegá-lo, a platéia torcendo pelo moleque, zombando dos policiais, e o povão todo, em pé aplaudindo. De passagem, nota curiosa para o gringo, vi alguns dos pobres na platéia com uma bola, já cortada ao meido, servindo de chapéu na cabeça.

Fim de contas, consegui avistar, da distância, a figura do número 10 na malha branca, não pouca coisa, não!

-- Vi o filme "Menino de Engenho" por primeira vez, filme muito bem feito com cenas da senzala de Itapuá e da fazenda Oiteiro que tinha visto eu na Paraíba. Seria difícil seguir o enredo se não tivesse lido o livro (tempos depois chegaria, através de Sebastião Nunes Batista, a conhecer o diretor do filme, Nelson Pereira dos Santos, de fama no Cinema Novo da época, isso a tomar choppe todos nós em um café na Cinelândia no Centro pela tarde.)

-- Uma senhora idosa da Pensão de Dona Júlia sofreu um enfarte; levou três dias para conseguir levá-la ao hospital, isso por não haver vagas. A entrada só foi feita com o "pistolão" de Dom Tito, o Beneditino conhecido do Mosteiro (lição de vida no Brasil, do "jeito" e o valor de conecções e amigos).

-- As noticias do Nordeste nos jornais do Rio são, a dizer o menos, de tom sencacionalista, de jornalismo amarelo: o asesinato de um ex-diputado por capangas em Alagoas, a crise do açúcar e greves dos trabalhadores de eito em Cabo e Palmeira em Pernambuco (os mesmos não havendo recebido o ordenado desde agosto passado, comendo ratos para não morrer de fome), cheias, e fome em toda a área de cinco estados do Nordeste nesses dias.

-- O trânsito ou tráfego no Rio. Só vendo. De assombrar. As ruas estão em péssimas condições, buracos por todo lado (com as chuvas). Há um comentário comúm feito pelos cariocas: parece que cada encruzilhada importante está "em obras" pela Light. Uns homenzinhos chegam, fazem um buraco grande e somem. O buraco fica uns meses, e mais tarde, outros homenzinhos vêm e enchem o buraco e vão embora.

A frota de ônibus e caminhões, milhares e milhares deles, todos sem silenciador, e erutando uma fumaça preta, fazem corridas para evitar as barricadas da Light.

Passeio a Petrópolis

-- Passeio a Petrópolis. A cidade era muito mais grande do que esperava ou imaginava eu, com um centro comercial bastante grande. O caminho desde o Rio, depois de sair da Zona Norte suja, era por uma estrada de muitas curvas que sempre subia (ver o filme "That Man in Rio" com Jean Paul Belmondo). O clima mudava a medida que subimos e estava muito mais fresco em Petrópolis, clima bom com muitas flores. Aí fomos ao Palácio-Museu de Dom Pedro II, em efeito, a "casa de verão" dele. Ainda podia-se alugar carroças puxadas a cavalo para passear na cidade. Em frente do próprio palácio havia uma área verde, com muitas árvores e muita sombra, também as ubícuas palmeiras altas.

A primeira coisa que nota o turista é o chão do museu - na entrada, mármore de cor preto e branco, e em todo o resto, uma variante sempre interessante de madeiras - fala-se que é de jacarandá, mas de cores sempre diferentes, lindo. O turista tira os sapatos e usa chinelas (obrigatório) para não danar o chão este. O teto dos salões difererentes geralmente era liso e simples, exceto em dois salões onde havia uma espécie de decoração mais fina (mas não chegando, ao meu parecer, aos tetos e decoração da Casa de Rui Barbosa no Rio, e, nem falar, os palácios da Europa)

Vimos as medalhas do Emperador, presentes dados a ele ou à família real, moedas do Império, objetos de prata, e porcelana. Na sala de recepção com tapetes da época do Luís XIV da França, haviam a capa da inauguração, de veludo com toques de ouro e penas de Tucano no pescoço. Vimos a coroa do Imperador, de ouro que brilha e mais de 600 brilhantes. Houve a sala de conferências, supostamente usada depois da Independência, quadros-pinturas da família real, a nobreza (o Visconde de Taunay do romantismo na literatura brasileira), e quadros com cenas do mar e do Rio. Realmente, era um palácio simples, em comparação com os da Europa, a arquitetura neo-clássica e similar a umas das mansões que vira eu em Recife: colunas e façada triangular.

Depois houve a volta a um Rio de Janeiro ou cheio de névoa ou poluição ou os dois, e muito tráfego. Devido ao engarrafamento, levou-nos duas horas ir da estação rodoviária até Copacabana.

Já em março e abril de 1967, chegou o momento de levar a pesquisa e o conhecimento do Brasil a ainda outros lugares, uma volta às viagens longe da Costa Atlântica.

CAPÍTULO V:
VIAGENS PARA O 'INTERIOR' DESDE O RIO DE JANEIRO, 1967

Viagem a Belo Horizonte, Ouro Preto e Congonhas do Campo, março de 1967.

Viajei com o colega Daniel Santo Pietro, bolsista também da Fulbright (graduação), recém formado de Harvard, ele interessado na política, economia e desenvolvimento económico. Saímos do Rio de Janeiro às 7 da manhã em ônibus com o tempo muito lindo. Depois dos subúrbios, começa-se a subir imediatamente, mas, gradualmente, até chegar em Petrópolis (viagem de uma hora e meia); ao lado da estrada há floresta densa, lindos árvores Ipé (flores purpúreas e amarelas nas ramas). Em um lugar havia um vale cheio das mesmas árvores e lindas casas de campo, sítios, etc. Também começamos a ver o conhecido Pinheiro do Paraná, ramas espalhadas como a "elm" nos EUA, mas em vez de folhas, "agulhas de pinheiro."

Passamos Três Rios na divisa entre o estado do Rio de Janeiro e o Estado de Minas Gerais (os rios Paraná e Paraíba com água suja, amarela, com bastante correnteza). Depois a Juíz de Fora, em Minas. A arquitetura em Minas era diferente do Rio, distinta: os tetos não eram planos ou com fachadas como no Nordeste, mas de forma de trapezóidio. Começamos uma subida gradual de morros ondulantes, mas, com palmeiras, muita terra de pastoreio e muito gado, o solo pouco cultivado, isso, exceto campos de milho plantados à mão. Foi curioso ver campos rudes de futebol "cortados" do gramado nos campos de pastoreiro. Foi a viagem mais cômoda e com menos sorpresas até agora no Brasil.

Belo Horizonte

O Novo Estádio de Futbol, o Mineirão, Belo Horizonte

Chegamos na sexta-feira da paixão e fomos à missa na Catedral, super lotada de gente. Lembro que fomos a um restaurante italiano (escolha do Daniel) e no outro dia visitamos a Universidade Federal de Minas Gerais, isso por conta do colega Daniel e contatos que teve. Lembro pouco, mas, acho que passamos pelo bairro famoso de arquitetura com a catedral de Niemeyer e na distância o grande estádio novo de futebol de Belo Horizonte, o Mineirão. Na verdade, eu não estava muito "por dentro" desta parte do Brasil, e confesso, com pouco curiosidade na época de saber da área. Interessava-me muito mais o caso de Aleijadinho e a famosa cidade colonial de Ouro Preto, de fama de riquezas de ouro e brilhantes dos séculos 17 e 18 e logo a arte sagrada e o lugar da Inconfidência Mineira.

Ouro Preto

Vista Geral de Ouro Preto

No outro dia acordamos as 5:30 para a viagem de ônibus até Ouro Preto. Terra de montanhas baixas, sempre verdes com pastoreio, e em um lugar com muita névoa e nuvens baixas com uma chuvinha. A entrada a Ouro Preto, desde um pouco em cima, vendo o vale e a estrada principal passando pela cidade, era realmente impressionante. Na vila mesma, passeamos muito, vendo, entre outas coisas, muita igreja - Nossa Senhora das Mercês, a Igreja de São Paulo, a São Francisco de Paula com suas imágens, Nossa Senhora do Rosário, Nossa Senhora do Pilar e São Francisco de Assis.

Também vimos a Universidade de Ouro Preto (especializando-se em mineria), e o famoso Museu da Inconfidência - em 1798 o dentista Tiradentes, e outros, foram esquartelados pela traição em contra o governo Português em uma tentativa de independência no país. De notar no museu havia uma cruz, ou seja, um crucifixo, da época de João V de Portugal, e, nunca vi nada igual no Brasil: a agonia do Cristo com sangue jorrando das feridas. Foi terrível (no sentido de abismar a gente). Também havia outra cruz, de estilo renacentista italiano, de ouro, mas, simples como a pintura e os quadros parecidos do começo do Renacimento na Itália.

Lembro, de modo geral, do bom clima, as ruas antigas de paralelpípedos, dos pequenos bares e boites que vimos, e das procissões de Semana Santa.

Mas, voltando ao principal, impressões das igrejas.

Igreja de Nossa Senhora do Rosário dos Pretos, Ouro Preto

A Igreja do Rosário, feita pelos escravos e para eles, com seus quadros da morte, o último julgamento, o inferno, e do paraíso, ficando tudo em uma das capelas. Os altares eram pintados e não banhados em ouro (não como em outras igrejas importantes de Vila Rica, nome antigo de Ouro Preto, isso, imagino, devido, ao estatus dos escravos pobres); a igreja foi feita no século 17 por uma das irmandades do Rio de Janeiro.

A Igreja do Pilar: Obra fina e detalhada por Aleijadinho, altares banhados em ouro, anjos "barrocos" e muito enfeite, a igreja mais rica do Ouro Preto.

A São Francisco de Assis: a igreja com mais trabalho de Aleijadinho em Ouro Preto com o altar-mor realmente fantástico de ouro banhado e cores brilhantes.

Passeio a Congonhas do Campo, Domingo de Páscuas

A viagem de ônibus passava por morros verdes ondulantes a uma encruzilhada onde pegamos outro ônibus a Congonhas do Campo. No caminho, viam-se lindas árvores "Quaresma" (são as mesmas que o Ipé?) A vila mesma de Congonhas era muito pequena, situada em um vale entre montanhas baixas, a Igreja de Bom Jesus dos Matoszinhos a um lado, em cima de um morro pequeno, a igreja da Matriz ao outro. Assistimos a missa e as festividades de Domingo de Páscoas, até com filmagen de televisão (incluindo uma moça levando uma bandeja com a cabeça de São João Batista).

A famosa Igreja de Bom Jesus dos Matosinhos era linda, similar à de São Francisco de Assis em Ouro Preto: no seu interior, lembro das imagens de dragões, dos anjos, de animais ao pé das colunas, tudo construído em cima de um morro com estrada de paralelepípedos e outras veredas descendo à vila.

Profeta do Escultor o Aleijadinho, Igreja dos Matosinhos, Congonhas do Campo

Vimos os Profetas de Aleijadinho e a Via Crucis com todas as imagens gravadas de madeira e pintadas, a "obra prima" do escultor mulato.

Como falei, na manhã de Domingo de Páscoas, havia névoa e chuva; já pela tarde, aclareou e ficou lindo, com aquele ar fresco e claríssimo, tudo com ambiente de povoado - chegava lá em cima a música do sistema de som na praça central. Havia muito "movimento" na praça: o pessoal vestido de maneira simples, não como "the beautiful people" no Rio. Havia homens de casaco sem gravata, moças em grupos passeando na praça, de braços dados e a olhada modesta; outros homens em grupos, tomando cerveja, escutando música em rádios de pilha. Ainda outros estavam escutando o jogo domingal de futebol de Cruzeiro de Belo Horizonte. Havia uns rapazes oferecendo engraxar sapatos, isso perto da pequena estação rodoviária. E, não faltava guris meio sujos preparados a dar "tour" das igrejas por uns poucos cruzeiros. Na praça havia bancos de madeira em frente da prefeitura, isso para passar o tempo. Havia várias fontes na cidade, mas, tudo era muito simples, diferente da "grandeza" de Ouro Preto. Rapazes jogando bola na rua; um rapazinho brincando em um vagão de madeira, burros nas ruas, e muitos mendigos também.

O que não sabia na época, mas, seria importante depois, era o fato que Congonhas era o lugar do médium espírita mais famoso do Brasil na época – Arigó.

A volta a Belo Horizonte foi de um ônibus pinga-pinga, totalmente lotado com gente de pé no corredor, e muita carga.

Viagem a Brasília, março de 1967

Fui com o colega da Fulbright, Daniel Santo Pietro, ele de "guia" e contatos - a capital política da nação era de menos interesse "profissional" para um folclorista, isso com uma exepção: na "cidade satélite" de Brasília, Brasília Teimosa, etc. moravam os "candangos", os trabalhadores de construção que fizeram Brasília, e quase todos do Nordeste do Brasil. Esperava eu, pois, ver se havia literatura de cordel de migrantes. Havia - dois ou três poetas muito conhecidos, entre eles, Paulo Batista, filho do famoso Chagas Batista e irmão de Sebastião, e outro cujo nome esqueço agora. Mas, não cheguei a conhecer nenhum no tempo limitado da viagem. E havia pouco cordel na cidade.

Desde hoje, escrevendo estas notas, e já com outra perspectiva, é importante frisar que a Brasília que conhecí em 1966-1967 ainda era muito "jóvem", ainda em construção, a ser visto adiante.

A viagem a Brasília de ônibus desde Belo Horizonte era de 11 horas. Só me lembro de muito espaço vazio entre os dois lugares. Passamos pelo fim do lago formado pela grande Represa de Três Rios (originalmente a mais grande do país, isso antes da construção de Itaipu). O conceito errado aceito por gente fora do Brasil é que Brasília fique no meio da floresta, como se fosse realmente outro Amazonas. Não é nada assim; a cidade foi feita no planalto, terra ondulante ou plana, com árvores, mas, estas nem chegando a densidade de floresta. Lembro-me de uma coisa outra - o solo era vermelho, quase como o que se vê em Oklahoma ou Texas nos EUA.

Curran no Rodoviário em Brasília

Escultura Famosa, "Os Candangos", Brasília

Chegamos pois, só um pouco depois do amanhecer, isso depois de viajar a noite inteira, ao rodoviário famoso que fica no meio de Brasília, na encruzilhada. Como os brasileiros da época sabem (mas, nem todos lembram hoje em dia), a cidade foi construída em forma de avião: no "cabine" do piloto há os prédios principais do governo, o senado, a câmara dos diputados, seus escritórios em um prédio alto em forma de H; daí, da "cabeça" do avião, já no "fusilage", aos dois lados da estrada há todos os ministérios, estes realmente "arranha-céus" de concreto e vidro de uns 6-10 andares, e, entre as faixas da Estrada, um parque com muito gramado; em 1967, a estrada era de via-única de duas faixas em cada lado em frente dos Ministérios. Daí se chega ao "centro" do avião com a grande encruzilhada (que tem o rodoviário).

A um lado havia a zona comercial de bancos, etc. Esta zona tinha semáforas, etc. como qualquer outra cidade no Brasil, mas, a idéia original era fazer um centro totalmente livre de semáforas, e de "cloverleafs" de "freeway". Pois, era só algo assim.

Nos dois lados da grande encruzilhada, ainda em construção ou mesmo vazios, começam também as "azas" sul e norte. Em 1967 havia pouca coisa ao norte, só o começo de construção de residências, e muita terra vazia. Ao sul, sim estava já muito construída, com a zona comercial, logo, os superblocos, e, residências e embaixadas na distância. Também se avistava a grande lagoa com sua praia, a tentativa dos novos residentes do Planalto de matar saudades das praias do litoral. As residências desenhadas por Oscar Niemeyer "O rei do concreto armado" e Lúcio Costa, rei de planejamento de cidades, eram, de fato, os famosos e badalados "super-blocos". Eram éstes conjuntos de prédios altos de apartamentos, talvez de 20 andares, cada conjunto de seis prédios. A idéia foi que fossem totalmente, ou quase, auto-suficientes, já com mercados, correio, escolas, etc.

Em 1967 a maior parte do comércio ficava na rua W-3 (Que nome romântico! Isso em contraste aos nomes poéticos de ruas no Recife, lembrados em poemas famosos de Manuel Bandeira, e realmente em quase todas as outras cidades do Brasil). Parecia muito como subúrbio de Estados Unidos - shoppings, e a rua principal que extendia por kilômetros. O efeito neste turista era de algo bastante frio, bem diferente das outras cidades que conhecia já no Brasil.

Prédios do Governo, Brasília

Na "cauda" ou "rabo" do avião havia um grande parque que parecia, na minha opinião, como se viesse da lua, e muito mais frio de tom. O importante da praça era a torre de televisão que podia-se subir em elevador para ter uma visão realmente maravilhosa de toda a cidade. Daí tirei slides de tudo, lembrança muito bonita que guardo até hoje em dia.

A um lado da cidade mesma de Brasília era o "lago" - o bairro chique para o pessoal do governo, o pessoal de capital, o bairro dos diplomatas extrangeiros, e das embaixadas. Falava-se do lago artificial, totalmente feito pelo homem com toneladas e toneladas de aréia trazidas de fora para "matar saudades" das praias do litoral. Fizemos uma visita à embaixada americana, mas, lembro pouco; tudo me parecia muito frio.

Casa da Alvorada, Residência do Presidente do Brasil

Esqueci dizer, a pouca distância do centro governamental ficava a Casa da Alvorada, residência do Presidente do País, de arquitetura também super moderna. Só pudemos ve-la da estrada, mas, notei os guardas, soldados com metralhadora guardando o portão da entrada. Muito moderna, muito limpa, muito fria.

Como falei, cercando a cidade mesma era a cidade satélite, as "favelas" de Brasília, em parte dos "candongos" ou trabalhadores de construção do Nordeste. Chegaram eles, já em 1955, para a construção no regime do famoso Juscelino Kubitscheck, e na inauguração da cidade em 1960, ficavam. (A fama disso varia - um folheto de Apolônio Alves dos Santos fala de seus "bons dias" de jovem, vendendo cordel na capital naqueles anos. Eventualmente tudo acabaria e ele mudaria-se à zona norte do Rio.) Também vale a pena ver o filme "Bye-Bye Brasil" com o jovem cantor e tocador de sanfona e a família que acabaram ficando em Brasília, fazendo "show" à moda de Luís Gonzaga.

Em 1967, esta área se via muito pobre, sem boas estradas, feita quase uma "favela" isolada da capital. A cidade maior era Taquaritinga, mas, também importante era Núcleo Bandeirante (nome eufemístico lembrando os pioneiros e caçadores de índios e ouro de São Paulo que foram os primeiros a chegar à região em busca de riqueza). Mas, foi fácil pegar ônibus na rodoviária do centro para chegar a ela. Curioso - em 1967 para ir de uma parte da cidade, seja norte, sul, oeste, leste, sempre tinha que voltar ao centro à rodoviária central e sair daí de novo ao destino. Pois, Núcleo Bandeirante me parecia outra favela - barracas pobres, sem ruas pavimentadas, o povo de aparência pobre, muitos em farrapos. Fiz uma visita rápida ao mercado onde peguei uns poucos romances e folhetos locais; o cordel que havia era quase completamente da Editora de São Paulo, a Prelúdio, com as capas coloridas.

Um dos Ministérios de Brasília

Voltamos, pois, ao centro da cidade e fomos à grande Praça dos Três Poderes onde vimos a "infraestrutura" ou seja a catedral de Brasília, ainda no começo da construção, com 20 pontas ou "agulhas" pelos 20 Estados do país, projeto abandonado, entendi, em 1967, por falta de fondos e problemas de engenharia e arquitetura. Com o tempo, claro, acabaria-se e teríamos a grandeza que se vê hoje em dia. Passamos por, e vimos quase todos os ministérios - todos similares - de concreto armado, muito vidro, geralmente rectangulares, de uns 25 andares de altura, uns ocupados, outros vazios. O que sim havia era arte super moderna de estátuas e esculturas em frente deles. De notar, o ministério da Aeronáutica.

"Folclore" e realidade da época: um pouco antes de nossa chegada, o prédio do Ministério de Agricultura em Brasília pegou fogo, um grande incêndio que quase que destruiu o prédio. O boato foi que os burocratas do Ministério, com vida boa na velha capital do Rio de Janeiro com suas praias, não quiseram vir para o "fim do mundo" de Brasília, e daí, o incêndio. Tempos depois o governo Brasileiro obrigou todos os países com embaixada no Rio a mudar-se a Brasília. Levou muito tempo, muito pé "arrastado" e protesto, mas, eventualmente foi feito.

Folclore ou realidade: Brasília criou todo um folclore próprio. Fala-se que foi feita devido aos contratos de grandes firmas de concreto armado, por casualidade, os donos sendo parentes da própria família Kubitschek. Outra: para forçar os próprios senadores e diputados a irem a Brasília, o governo deu paisagem gratúita de avião cada semana para voltar e passar o fim de semana em "casa" no Rio!. Entendo que isso realmente foi a situação em Brasília durante anos.

Visitamos uma sessão do congresso onde escutamus uns discursos breves e uns debates, mas, poucos dos congressistas estavam presentes. Almoçamos no décimo quarto andar do prédio de escritórios (predio em forma de H). Nós encontramos com Rui Xavier, amigo da pensão de Salvador da Bahia e nos mostrou o conjunto de escritórios da prefeitura.

Daí a pouco, de volta ao Rio por ônibus.

Em fim: nunca voltei a Brasília, isso em 35 anos de pesquisas no Brasil, a não ser a parada breve de escala de avião. Com certeza a cidade cresceu como o resto do Brasil, e mudou totalmente de caráter. Há gente que conheci no Brasil que adora o lugar, especialmente o clima muito mais salubre do que na costa. Mas, há outros que só vão para lá quando for necessário. Eu, pelo menos, creio que conheci um pouco do lugar em uma época muito especial quando a cidade era realmente jovem. Haverá de ver o filme francês com Jean Paul Belmondo, THAT MAN IN RIO, por umas das cenas mais espetaculares de Brasília ainda na infância!

Viagem de "Gaiola" no Rio São Francisco abril de 1967

"Gaiola" ou Vapor de Roda, o Rio São Francisco

Esta viagem seria uma das mais inesquecíveis da vida de pesquisador no Brasil. Começou de maneira calma, o começo da viagem de ônibus do Rio até Belo Horizonte; o único que rompeu a calma foi ver um desastre horrível de outro ônibus, virado no caminho. De passagem, em Belo, jantei no restaurante italiano com vista da Avenida Affonso Pena, e notei as ruas super lotadas devido ao jogo de futbol entre o Cruzeiro e Santos no Mineirão.

Onibus a Pirapora, Minas Gerais. Era viagem de noite com caminhos ruins, e, coisa rara no Brasil, passei muito frio no ônibus, isso apesar da camisa de mangas largas e um suéter, isso em comparação aos outros passageiros que ficaram com as janelas abertas e o ar frio da noite. A estrada era de barro, com muitos desvios e nada cômodo.

O Rio e a Companhia de Navegação

Chegada a Pirapora. Fiquei hospedado no Hotel da Companhia de Navegação do Rio São Francisco – uma companhia "mixta", com ações em parte do governo, em parte particulares. Mas o dia-a-dia da companhia me daria a impressão que fosse mais uma das outras burocracias que já conhecera no Brasil, isso é, as repartições públicas.

Pirapora era muito pequena na época, com a rua principal pavimentada de paralelepípedos, e, as outras de barro. Havia muitos casebres pobres com crianças nuas correndo na frente, e porcos ruminando no lixo ao lado das ruas. Mas impressionante foi o Rio São Francisco mesmo e as cataratas em baixo da ponte, ponte da grande Estrada de Ferro que ligava Pirapora e o Norte ao Centro-sul e as metrópoles do Rio de São Paulo, caminho antigo de migrantes e retirantes da pobreza do Nordeste, todos indo a um futuro belo no Sul.

Havia muitos "gaiolas" ou barcos a vapor de roda da Companhia atracados ao cais principal e outos pontos à beira do rio; também havia uma variedade de barcos pequenos a motor e canoas simples. Nas cataratas em baixo da ponte, havia muitos homens pescando no rio ao amanhecer. O pessoal me dizia que não havia nenhum perigo de piranhas (pergunta sempre feita pelos gringos devido a noção estereotipada que todos os rios tivessem esta pequena fera), sempre que tivesse muita corrente no rio. Apesar disso, veria piranhas nos mercados de peixe ao longo da viagem. Pescavam surubim e dourados. Usavam redes que lançavam à agua, puxando a si as mesmas depois da jogada, e esperando bons resultados.

Por todas partes havia o ubícuo "lixeiro" – bandas de urubus voando no céu e catando lixo no chão. Fui na outra manhã ao cais onde vi o gaiola "meu" de viagem – o São Salvador (barco usado na filmagem de "Seara Vermelha" do romancista Jorge Amado). Aí no barco bati papo com um homem da tripulação; morara em Pirapora e trabalhara no rio durante 26 anos. Lembrou que nos dias velhos levava uns 50 a 60 dias a fazer a viagem de ida e volta entre Pirapora e Joaseiro da Bahia, mas, com a construção da Barragem das Três Marias, e já com a correnteza controlada, o rio ficava bem mais fácil para navegar.

Depois caminhava ao longo do cais; havia oito gaiolas da Companhia atracados à beira do rio, uns barcos "diesel" e muitos barcos e barqueiros (pescadores ou cargadores). Os vapores de roda, os chamados "gaiolas", vieram do século XIX no rio; uns foram feitos no Brasil, três pelo menos oriundos do Rio Mississippi nos Estados Unidos (segundo me falaram) e um do Rio Rhein da Alemanha. Todos queimavam madeira e eram vapores de propulsão à roda.

Caminhei à beira do rio até a grande ponte que atravessava o Rio São Francisco (o trem atravessa esta ponte, caminho a Belo Horizonte e depois ao Rio de Janeiro, o mesmo trem de fama de levar os retirantes do Nordeste seco ao Sul próspero, tema importante no livro "Seara Vermelha"). Os retirantes deviam caminhar a Pirapora onde pegavam o trem ou subiam o rio desde Joaseiro da Bahia na divisa com Pernambuco.

Rapazes Pescando, Lavadoras, o Rio São Francisco ao fondo

Havia muitas lavadeiras de roupa à beira do rio, a maior parte gente preta; trabalhando nos pequenos riachuelos que se vaziavam no grande rio, extendiam a roupa no chão a secar. Junto a elas muitos moleques pescavam com vara, usando minhocas para pegar peixes pequenos que depois venderiam aos homens a usar de "isca" na pesca grande no rio. Os homens que vi pescando nas cataratas em baixo da ponte se vestiam em shorte e usavam chapéu de palha; pescavam com redes redondas que lançavam e retiravam da correnteza. Falaram-me que a melhor pesca era o surubim (peixe com cores do arco-iris) que vendiam por 2.200 cruzeiros por kilo no mercado.

Aquela tarde (e noite) passei no bonito restaurante da Companhia à beira-rio. Houve um bate-papo agradável com um tal de Roberto Junqueira de Belo Horizonte que trabalhava no programa de controle da malaria na região (para matar muriçoca que levava a doença), o "spray" sendo o único remédio do problema.

Ao atardecer, vi um jogo de bola pelos moleques em um pequeno campo à beira do rio, visto naquela última luz do dia, tão brilhante e bonita. Pensei que isso seria mais uma foto do Brasil – o futbol ubícuo em todas partes do Brasil. O dia tinha sido de muito calor, mas com o atardecer e logo a noite, o ar se refrescava rapidamente, com uma brisa muito agradável vindo do rio. Acontece que a maior parte da gente de Pirapora trabalha pela Companhia, ou pescam no rio para o ganha-pão. Havia pouco comérico na vila e só tinha feira uma vez por semana nos sábados.

Na outra manhã caminhei "ao centro" onde encontrei um só vendedor da literatura de cordel, um velho preto de nome "Vicente". Só vendia os livros coloridos da Editora Prelúdio de São Paulo porque "eram mais bonitos com a capa colorida". Fazia dois anos que tinha comprado uns folhetos do estilo nordestino de um revendedor de Juazeiro do Norte e ainda tentava vende-los. Quando comentei que não tínhamos esta tradição do cordel nos Estados Unidos, comentou que os livrinhos de cordel tinham um "ritmo bonito" e acrescentou que "o Brasil tem muita besteira, mas coisa boa também". Ficou feliz quando tirei foto dele, e, se gabava contando aos fregueses que entravam na tenda do "Americano" que lhe entrevistara para um "grande estudo".

Passei aquela segunda noite de novo no restaurante da Companhia, o "Bambuzeiro", à beira no rio, jantando surubim fresco com um molho picante e gostoso. Depois da hora do jantar, o lugar se converteu em "boate", centro de vida noturna em Pirapora, até com a nova music iê-iê-iê e muitas moças que apareceram como mágica na noite suave do rio.

O Gaiola o São Francisco, o Batelão ao Lado

Primeiro Dia, a Saída e Imprevistos

No outro dia, de manhã, devido às malas, peguei táxi até o cais e o São Salvador. Havia uma multidão chegando a se despedir do barco, de passageiros e tripulação, esperando com paciência o cargar do porão do barco com um sem-fim de coisas. Havia tempo e oportunidade para estes curiosos de subir a bordo, ver o navio, e logo comentar aos vizinhos. Destracamos com um apito que fez os ouvidos doerem, aquele som único de apito de vapor do rio. Fiquei muito impressionado com a limpeza do navio, a tripulação todos de "farda" branco e azul (camiseta branca, calça de brim azul), boné branco de marinheiro de alto mar, tudo aparentemente em ordem. Mas, apenas saindo do cais, entrando ao meio do rio e se dirigindo ao Norte (até o destino de Joaseiro da Bahia), o barco de repente quase se parou no meio do rio e daí se atracou de novo em um "cais" rústico de tábuas de madeira à beira do rio.

Houve um processo muito lento e trabalhoso de extender tábuas de madeira do vapor a este "cais", assim criando uma espécie de rampa a subir da terra até o batelão pequeno amarrado a um lado do vapor. O propósito foi de cargar vacas, bois e uns cavalos até o batelão a serem vendidos depois em outra cidade rio abaixo. Começou a "boiada", mas, de repente, o gado se assustou e voltaram a correr beira arriba até o ponto de origem em cima da pequena barranca ao lado do rio. Daí, os vaqueiros responsáveis e quase toda a tripulação do vapor gastaram duas horas a recolher a boiada ainda sedenta da antiga liberdade. Os vaqueiros voltaram literalmente arrastando dois grandes bezerros que empurraram a bordo do batelão.

Depois deste primeiro "imprevisto" da viagem, aquela primeira noite fui introduzido ao serviço a bordo. Na primeira classe onde fiquei eu, haviam posto várias mesas redondas no meio do tombadilho para a janta, e, os passageiros se sentaram, sem ordem ou regulamento, mas segundo o gosto individual; as mesmas mesas depois do jantar e durante o dia se usavam para jogos de cartas ou "ponto" de bate-papo. A conversa era sempre muito viva – os homens debatiam os méritos das vilas, povoações e cidades à beira deste grande rio "da unidade nacional". Importa dizer que havia um grande refrigerador ao lado repleto de refrigerantes e cerveja, isso para "regar" a conversa. Gastei muitas horas "bebendo" nesta fonte dos boatos e folclore do Rio São Francisco.

A Tripulação Carregando Madeira para a Caldeira

Na viagem inteira o gaiola parava duas ou três vezes ao dia para pegar madeira já cortada em fachos por fornecedores pobres à beira do rio. Os "marujos" da tripulação levavam a mesma a bordo nos ombros protegidos por uma espécie de saco de aniagem, e, logo colocavam-na em frente da grande caldeira que ficava na frente do barco.

Havia um posto de sol magnífico aquela primeira noite, e, o ar se refrescava rapidamente, o pessoal a bordo precisando até de uma jaqueta leve. Ao atardecer, paramos em uma pequena vila a entregar o correio, vila com casebres pobres e sem luz elétrica, mas cheia de roseiras, fato que ia notar sempre na passagem do rio.

Sempre, sempre, à beira do rio havia pequenas "roças", tamanho de pequeno jardim, dedicadas à lavoura de comestíveis. Nestas roças só se avistava casebres pobres, as ubícuas casas de taipa com as paredes de barro, o teto de palha, e, muitas vezes, com bananeiras cercando as mesmas.

Canoa e Remeiros, o Rio São Francisco

Havia pouco tráfego no rio (isto em contraste aos rios no Amazonas que o autor veria mais tarde no ano), mas, o pouco que havia consistia em canoas cheias de frete, movidas pelo barqueiro com uma vara longa (o Americano pensava em estórias de João Guimarães Rosa dos barqueiros no "Grande Chico").

Dormi bem aquela primeira noite, considerando que ainda não me acostumava às acomodações – o pequeno cabine com camas, estilo beliche. O companheiro de quarto era um senhor já na casa dos 60 ou 70, ex-piloto no rio. Este senhor me divertia com estórias de seus dias no rio, eu não podendo distinguir entre fato e criação, mas, entusiadamente aceitando tudo como grande aventura neste rio da "união nacional". Logo, logo fui me acostumando ao som constante do motor, "xugue, xugue, xugue" e à roda no revés, virando, virando até não acabar. Acabou sendo um som acalmador, ajudando-me até a cair no sono.

Dia Segundo, Vida e Bordo e Rutina no Rio, Elenco dos Passageiros

Acordei a um friozinho na madrugada, com um ventinho frio do rio. O café da manhã foi de mingau, pão quente e café. Logo depois, houve outra parada, esta vez outra novidade – a tripulação a cortar capim para o gado e cavalos do batelão de lado. Aí umas horas passaram até a chegada na cidade de São Francisco, se avistando primeiro, de longe, a torre da igreja do povoado, seu único ponto alto. O cais era construído de pedra, coisa bem feita, com vendedores esperando nossa chegada com salgadinhos, galinhas, e queijo (claro, queijo de Minas). Houve uma movimentação grande da tripulação e logo descobri a pressa – voltaram ao barco, cada um, com um garrafão da cachaça local, famosa em toda a região. Aí descobri que o porão de nosso vapor estava cheio de garrafas vazias, trazidas do sul, e levaria novas cheias da "boa" de volta a Pirapora, e daí a Belo Horizonte.

Houve um armazêm da SUDENE ao lado do rio, mas, a cidade parecia muito calma, quieta, com um cenário que ia se familiarizando: casebres de taipa à beira rio, canoas e barqueiros, um ou dois barcos mais grandes com velas, e, mulheres lavando roupa à beira do rio.

A Tripulação Cortando Capim para o Gado no Batelão

Pouco depois, houve outra parada, esta vez, para pegar capim e madeira, com a cena já acostumada de mulheres pobres lavando roupa à beira do rio, pegando a roupa já lavada contra as pedras para tirar a água. Em ainda outra parada, em uma vila pequena, havia uma Missão Americana (Protestante se entendia) com dúzias de colegiais saudando o barco – crianças limpas, de uniforme de escola, um contraste às crianças pobres e meio-nuas que normalmente se viam na viagem.

Vapor de Roda Subindo o São Francisco

Momento lindíssimo – nós encontramos e passamos outro barco da Companhia, éste indo rio acima, a proa extremamente baixo na água, lotado de frete e com menos espaço para passageiros. Viam-se grandes fardos de algodão no tombadilho. Mais uma vez, havia pequenos barcos de pesca, um motor ocasional, mas, a impressão geral minha foi que esta região fosse pouco habitada, pouco desenvolvida. Parecia que o passar do tempo quase que não era notado, dando a impressão que tivesse sido assim fazia anos.

Nesse ponto, o rio era muito extenso de largura, com várias ilhas, e estas despovoadas. A água andava lamacenta e a correnteza forte. Na beira do rio havia o mato, denso, com só uma roça de vez em quando, roça que tinha mandioca, bananeiras, milho e legumes.

Prático na Roda, o São Francisco

Falando com um dos práticos, me conta que a Companhia já é federal, e o ordenado agora é bem inferior ao das firmas particulares, tudo que era antes bom já feito parte da burocracia governamental. A tripulação consiste em mais ou menos quinze "marujos" que amarram as linhas ao atracar, limpam o barco, preparam e servem as refeições, escovam e limpam os tombadilhos, pegam a madeira e cortam o capim para o gado. Há cinco ou seis oficiais, de fardo marrom, boné de oficial, e etiquetas no ombro, isso incluindo os "práticos" (os pilotos que sabem navegar o rio), e o comandante. Hoje tive um problema pequeno com este senhor que me reprendeu por subir uma escada ao lado do cabine da pilotagem, encontrar uma cadeira e sentar-me na mesma em traje de banho! É que não sabia eu das regras a bordo! Depois o senhor capitão saiu resmungando, "esse povo…". Pois é. O barco era dele!

Minhas impressões dos passageiros de primeira classe: havia muitas moças, de aparência do interior, pobres, simples, escuras de pele, e, poucas eram bonitas. (Com a excepção da Margarida que trabalha em Três Marias e volta para uma visita "breve" de três meses na fazenda da irmã em São Romão). Também entre os passageiros havia muita gente velha, mais uma vez, de vestimenta simples. Houve um senhor de chapéu de "coronel", que bebia cerveja o dia todo e trabalhava de piloto no "outro rio", o Paraná no Sul (disse que estava comparando os dois rios e sistemas de navegação).

Na classe terceira, o tombadilho era quase ao nível da água: havia vários homens de roupa de vaqueiro nordestino, incluindo chapéu de couro, e um vagabundo, de cabelo comprido, sujo e maltrapilho. Estas pessoas pegavam brasas da caldeira e cozinhavam a bordo em braseiros; dormiam em redes armadas no tombadilho de baixo, ao mesmo nível do gado. Fiquei sabendo que a passagem é a mesma, segundo a classe claro, quer que suba ou desça o rio, e, que leva 7 dias na descida (com a corrente) e 14 de volta. Coisa muito brasileira da época, isso de não distinguir entre o custo de passagem de 7 e 14 dias.

Os vapores de roda também servem de agentes de correio; param no que parece o fim do mundo, em clareiras, a entregar cartas ou talvez um pacote. O rio fica mais lindo ao atardecer quando a água reflete um céu cheio de nuvens fofinhas e grandes. É naquele momento do dia quando as cores são as mais brilhantes, um pouco antes de se pôr o sol, cenário ótimo. Durante o dia faz muito calor (assim explicando meu pedido aos práticos de colocar uma cadeira ao lado do cabine de controle, na sombra); na manhã está fresco e na madrugada realmente um pouco frio.

Esta noite chegamos em Januária, a cidade mais famosa pela cachaça de Minas Gerais. Depois atracaremos em Manga, a cidade mais grande antes de atravessar a divisa com a Bahia. Dizem que a parte na Bahia está muito mais desenvolvida economicamente.

Bati papo com um dos funcionários da Companhia que estava a bordo. Contou-me da reorganização da Companhia em uma "companhia mixta", 75 por cento das ações do governo federal que escolhe e nomeia o presidente; o resto das ações particulares, inclusive uma parte dos próprios empregados da firma. O regulamento da navegação do rio é vinculado à Marinha e Marinha Comercial Brasileiras. Existe um curso especial de pilotagem e navegação, do qual o candidato tem que sair aprobado para poder ser piloto no Rio São Francisco. O mais interessante é que, uma vez passado este exame, o piloto tenha o direito de pilotar tanto barcos de alto mar quanto os vapores no rio. O curso é na mesma escola de navegação. O senhor da Companhia falou de vários dos gaiolas – o "Venceslaus" dos Estados Unidos da América e este próprio "São Salvador", o mesmo da filmagem de "Seara Vermelha".

Um aparte – momento realmente de entusisasmar o gringo – muito cedo esta manhã passamos por um povoado chamado Maria da Cruz, e no momento exato de passar, um grupo de dez vaqueiros vieram a todo correr cavalgando pela rua principal do povoado tentando "derrubar" um boi. Pegaram o boi usando o "sistema" nordestino – pegar e puxar forte no rabo - deram com o boi no chão, e depois amarraram-no e arrastaram até o cais. Foi, pois, uma cena diretamente das histórias famosas do folclore nordestino da literatura de cordel (tal como "O Boi Misterioso" e a pletora de poemas sobre vaqueiros e valentes). Estes "cavaleiros do sertão" vestiam couro da cabeça ao pé – chapéu de couro, gibão, e perneiras. Foi, facilmente, o momento mais pitoresco da viagem até aquele ponto. Tais momentos reforçam o conceito de um Brasil folclórico tão badalado!

Maria da Cruz era de notar: muito pequena, mas linda, com uma igreja azul em cima do morro no centro da cidade, dando para a beira do Rio Chico. Um grande batelão de Três Marias, barco usado no transporte de automóveis, estava atracado, inesperadamente, neste povoado pequeno; acontece que tinha rompido as amarras em cima de Pirapora, passado em cima das cataratas, e só deu parada aqui. (Por casualiade, tenho um quado pintado que quase repete a beleza deste povoado "típico" da região, mas comprado de um artista cearense na "feira dos hippies" em Ipanema no Rio de Janeiro.)

Paramos quase uma hora em Januária onde descargamos quase cem sacos grandes de garrafas vazias de cachaça, todas vindas do centro-sul. No cais se via muitos fardos de algodão, mas, nenhum veio a bordo ao São Salvador nesta descida do rio. Dúzias de moleques, quase todos pretos, esfarrapados, brincavam à beira do rio, também as ubícuas mulheres lavadeiras também de apariência muito pobre. Mas, subiram vários passageiros novos à primeira classe e vários outros com chapéu de couro à terceira. Neste ponto há mais passageiros do que camarotes na primeira classe; os novos dormem em catres no tombadilho de primeira classe que desaparecem no dia.

Fui abaixo para visitar o "quartel geral" da tripulação; vi catres no porão; com o "chão" de aço em cima, só imaginando o calor que deviam passar até o ar refrescador da madrugada.

Meu "amigo" piloto do Paraná é grande bebedor de cerveja e gosta de falar. Contou-me de sua casa natal em Joaseiro da Bahia, residência que deixara havia trinta anos, mas, disse que deixara "um milhão e meio" lá. Agora trabalha e mora nos barcos do Rio Paraná, rio navegado nos Estados de São Paulo, Paraná e Mato Grosso. Foi difícil pegar seu português, como o português de muitos outros interioranos a bordo; muito mais fácil foi o papo com um dos pilotos que já se converte em bom amigo.

Passei o dia próximo, primeiro com o café da manhã usual de mingau, pão e café, falando com um estudante de Manga e vendo o movimento da tripulação nas paradas para capim e madeira. Logo fui mais uma vez abaixo, esta vez para ver de perto a caldeira, os catres da tripulação, as redes dos pobres que dormiam abaixo, e logo o boi inteiro sendo cortando em pedaços pelo açougueiro-cozinheiro. Vi e falei com os maquinistas (a maquinária do barco parecia de limpeza impecável, tudo em ordem!). Notei os pobres que comiam farinha mixturada com charque ou carne de sol, comendo tudo, como era de costume, com as mãos.

A Pedra da Lapa e Bom Jesus da Lapa

A Pedra de Bom Jesus da Lapa desde o Rio

No outro dia amanhecemos com muita névoa no rio, e, de longe, se avistava o que viria a ser o destino prinicipal da viagem, o Morro e a Pedra de Bom Jesus da Lapa. Cidade maior, de uns 6000 ou mais, tinha um cais cheio de barcos a motor com teto de lona, os mesmos com muitas redes armadas por dentro, um com o lema "Com Deus Vou e Volto". Estes barcos pequenos a motor estavam repletos de cargo – vi aréia, grandes cordões, fruta, peixe, etc. Havia as costumadas lavadeiras à beira do rio perto do cais, e dúzias de moleques nadando no rio ao lado. Também uma plenitude de canoas.

Carros de Bois no Cais de Bom Jesus da Lapa

O cais mesmo, coisa melhor feita do que nos povoados pequenos à beira do São Francisco, era de concreto e pedra; em frente havia muitos carros de boi prontos para levar o frete dos barcos do cais até a cidade, estes bois de raça zebu do Nordeste. Também havia carroças puxadas por cavalos. De repente houve um corre-corre – um dos bois, parecia o mais grande, correu solto, todos gritando, uns tentando pegar, outros correndo de medo.

Do cais até a cidade havia uma "estrada", ou pelo menos, parecia estrada, totalmente lamacenta devido às chuvas recentes. Ao lado, vi os casebres mais pobres vistos até este momento no Brasil, casas de taipa, nem de tijolo de adobe, com tetos de telhado roto. Muitos destes serviam de barracas de bebidas, refrescos e comida para os "romeiros" a chegar a Lapa. O efeito foi de uma favela terrível, isento de vegetação ou qualquer coisa verde, criada por e para os romeiros. A mesma rua estava cheia de cabras e porcos soltos que andavam livres a buscar o sustento do dia.

Não sei se ando errado, bem pode ser, mas naquele momento de 1967, me parecia uma vila sem planejamento, tudo simplesmente evoluindo da existência do Rio Chico, e de ser importante ponto de romeria, mas não devia ser assim. Logo em cima, na cidade, as ruas não eram dos paralelepídios acostumados do Nordeste, mas, de pedra mesma, e estavam relativamente limpas.

Acho que ainda não cheguei a falar da "razão de ser" principal da cidade. Pois, Bom Jesus da Lapa cresceu com a fama de ser grande paradeiro de romeiros, estes buscando a ajuda do santo famoso do lugar, o mesmo Jesus Cristo, ou seja, Bom Jesus da Lapa. Sua fama veio do século 18 quando um monge, Francisco da Soledade, fez famoso o lugar por sua vida de fé e caridade. Como tinha que ser, os milagres e a fama deles, monge e Santo, vieram depois (coisa parecida a Juazeiro do Norte, mas esta vez, com a fama do próprio Jesus, santo padroeiro, em vez daquela do "Taumaturgo do Sertão", o próprio Padre Cícero Romão). Com o tempo, a peregrinação aumentava, até dias recentes quando milhares de romeiros chegam a Bom Jesus nos dias festivos do santo padroeiro. Os visitantes incluem os poetas da literatura de cordel, famoso entre eles o "Poeta Apostólico" Minelvino Francisco Silva de Itabuna na Bahia. O efeito, em fim, é uma vila feita do nada, criada maiormente pelos romeiros, migrantes e turistas ao lugar.

A Torre e a Pedra da Lapa

O ponto alto, literal e figuradamente é o Morro mesmo; melhor descrito, uma pedra gigantesca com muitas grutas por dentro. Era visível de longe do rio, isso muito antes de chegarmos mesmo à vila, em parte porque a terra que rodéia o lugar é plana. Daí a pedra se levanta de maneira assombradora e talvez um pouco assustadora (dependendo de quem seja o visitante). O morro practicamente cerquéia a vila por um lado; de mais ou menos 70 metros de altura (nossa avaliação), com rochas pontudas em todos os lados, me fez lembrar do lido sobre a famosa "Pedra Bonita" em Pernambuco, lugar também assustador com seu lugar na história do "fanatismo" brasileiro, i.e. os episódios de culto de uma figura messiânica e o sacrifício sangrento que lhe seguiu no ano 1825 (ver o romance do grande José Lins do Rego, do mesmo nome, "Pedra Bonita").

Contei, pelo menos, umas quinze grutas dentro da pedra ou morro, uma com a capela de renome, ainda outra de estátuas e imagens de santos, e ainda mais, a "sala dos milagres". Esta está repleta de fotos, e especialmente partes do corpo humano feitas de gesso, estas os "ex-votos" deixados por romeiros fiéis pagando a promessa, muitos se extendendo do teto da sala. Também havia mais de um modelo de gaiola, testemunha de naufrágios no rio e gente salva pelo Santo. A sala dos milagres, claro, era semelhante ao mesmo fenômeno já comentado em Juazeiro do Norte, do Padre Cícero Romão.

Em frente à entrada à capela havia muitas beatas, mulheres velhas, esfarrapadas, vestidas de preto, e mendigos, quase todos ou pedindo esmola ou oferecendo contar a "história de Bom Jesus" ao turista. A esquerda da entrada à gruta havia uma torre grande, alta e bem feita de pedra, torre que só me fez lembrar das torres medievais dos castelos europeus das histórias de fada. Também pensei na prisão-torre do famoso drama de Calderón de la Barca, "La Vida Es Sueño", prisão do protagonista Segismundo. Para o pessoal de outra cultura, até se parecia com as minaretas muçulmanas.

Ao entrar na gruta, reconheci uma senhora idosa do São Salvador, fazendo o final da viagem de joelhos, tudo para mostrar respeito e, imagino, pagar a promessa.

O dia que chegamos era dia de feira, cenário já visto e acostumado ao gringo pesquisador nas suas andanças no Nordeste – barracas com carne crua, coberta de moscas; rapadura, e cachorros magros ao redor. Infelizmente, apanhei poucos folhetos de cordel, e esses no estilo novo de capa colorida da Prelúdio de São Paulo. O "marketing" do cordel de São Paulo já chegava longe, coisa sempre lamentada na época pelos poetas e editores do Nordeste. Acontece que os poetas populares só chegam à cidade mesma nos dias do festival anual de Bom Jesus, de junho a agosto, claro, porque, aí, há fregueses à beça. E nós estávamos no mês de abril.

A Viagem Continúa -- O Brabo Coronel e o Dono de Minas

Meu amigo de São Paulo e o Rio Paraná continua a tomar suas cervejas, isso às oito da manhã, e o conhaque o resto do dia. Duas moças realmente lindas subiram a bordo em Carinhanha; bota a última moda de Copacabana ou Ipanema nelas e verá o que realmente é a beleza sertaneja!

Ontem à noite fiquei observando uma das moças passando ferro na roupa, usando uma mesa para colocar a mesma, mas, o interessante foi que estivesse usando ferro com brasas quentes para fazer o serviço.

Passamos por um lugar chamado Sítio dos Matos, e toda a tripulação (menos os oficiais e práticos) pularam do gaiola para nadar no rio. Em ainda outra parada, esta vez de noite, foi uma sensação estranha chegar da escuridão da noite no rio a um cais regado de luz elétrica, realmente grande e bem desenvolvido, de concreto e pedra, e atrás com grandes armazens com colunas brancas. Com um pouco de imaginação, a gente imaginava estar em frente de um templo romano com suas colunas, mas, no fim do sertão brasileiro.

Aí, notei a presença de mais um personagem no elenco dos passageiros no São Salvador. Era um fazendeiro da região que me conversava do serviço passado militar em Salvador da Bahia e das mulheres de vida e boites que freqüentava na mesma cidade. Com revólver no cinto, em outra ocasião se gabou de seu grande talento de tirador (por alguma razão estranha, pude acreditar em tudo), e também das grandes habilidades suas de natação. Disse-me, "Eu posso nadar de um lado deste rio ao outro (e o rio era grande) com você nas costas!" Concordei plenamente, não pedindo nem querendo provas. Falou das fazendas de seu pai, o número grande de gado, do caminhão "pickup", dos jipes, do Rural, e como gosta de muito conforto quando viaja. Contou-me de seus estudos, até o terceiro ano do "científico" e comentou a ignorância dos caboclos que populavam a região. Ia para a cidade de Iboitirama onde pensava comprar cem cabeças de gado. E, como tinha que ser, a conversa chegava para as mulheres: contou que não era mulherengo, mas se a mulher "vinha com conversa", não estava avesso à oportunidade. Sempre pronto, acreditava que homem macho só era com bigode, "atrai a mulher". (O leitor lembrará que experimentei com barba crescida e bigote em Recife, costume que deixara pelo calor e ser tachado de "Fidelista" e comunista.)

Um pouco depois, talvez no mesmo dia, ocorreu um momento de filme. Chegando a não sei que parada à beira do rio, aí, todos nós, passageiros, olhávamos o já acostumado corre-corre da atracação, dos vilarejos chegando para festejar a chegada do vapor, e os vendedores com suas coisas. Eu, debruçado contra a balustrada do barco, tentando ver tudo, ouvi um "psst psst." (Sinal de chamar a atenção, costume que tinha adotado eu, isso é, até alguém me dissesse que não era sinal de "boa educação". Mas, era costume que vi em todas partes e ocasiões, e, não abandonei o mesmo). Pensando ser para outro, não liguei, mas o "psst psst" veio de novo. Aí vi um velho desses olhando fixo para mim. O velho era um senhor grisalho, de barba branca não muito bem cuidada, roupa simples mas não pobre. Pois, queria mesmo era falar comigo, agora acenando com a mão para me cercar. Pois, era um tal de Senhor Francisco, e, me contou de uma mina recém descoberta e trabalhada por ele, a pouco distância do povoado, mina de pedras preciosas, ametista, turmalina, água-marinha e topázio. Tirou aí do bolso um pano meio sujo e, adentro, havia um monte de pedras preciosas de toda índole. Achou, como era de esperar, que eu, Norteamericano, podia arranjar alguém para comprar a mina (ou até eu mesmo, quem sabe). Sendo o Americano inocente que era, contei-lhe que eu era apenas estudante fazendo pesquisa, que não tinha contato algum com capitalista extrangeiro, e, aliás, andava com orçamento pobre de estudante. Ele, triste e desapontado, aí me deixou, talvez pouco convencido. Mas, ó gente, a cena só me fez lembrar de Humphrey Bogart e o famoso filme o "Tesouro da Serra Madre", filme clássico da busca de riquesa por um elenco que rivalizava os valentes e cangaceiros dos folhetos de cordel no Nordeste! Mesmo se tivesse a grana, não teria tido a coragem de seguir o velho. Moleza? Prefiro pensar que não.

Tempos depois chegamos à cidade da Barra, "Princesa do São Francisco". Foi uma dessas chegadas de noite, e só avisteí o cais e uma praça linda de árvores. Não deu para sair do barco nem investigar.

Chegada a Xique-Xique e Mudança de Planos

O que ficou sendo o fim da viagem foi a chegada no outro dia a Xique-Xique, ainda na Bahia. O cais era movimentado com muitos barcos pequenos de pesca e outros de cargueiros, alguns "veleiros". Foi aí na feira que encontrei os "bois de barro" mais lindos que tinha visto em todo o Nordeste, muita cerâmica, e, um mercado muito grande de peixe. Um rapaz tinha um dourado de uns dez kilos, e, mostrou o que disse que era piranha. Seria?

Mas, cheguei a Xique-Xique já com um plano novo e no fim, quixotesco; é que a viagem já cansava um pouco e estava pronto para mudar de plano. Não contei antes neste relato, porque não o tinha pensado ou planejado bem, mas, no final da viagem de gaiola, em Joaseiro da Bahia, devia pegar condução de volta a Salvador da Bahia para um encontro com uma amiga, posso dizer "namorada", dos dias antes no Rio de Janeiro. Pois bem, lembrando um dos conceitos, que me parecia certa, de noções muito básicas da matemática – a distância mais curta entre dois pontos é a linha reta – e havendo pedido conselhos (no fim, mal dados), decidi sair do barco em Xique-Xique, pegar transporte direto para Salvador, assim economizando dois dias de viagem ainda no gaiola. Tinham me contado que o transporte desde Xique-Xique seria fácil – talvez avião de terceira classe (DC-3), ou se, não, com certeza, ônibus "direto" para a costa.

Pois aí, como dizemos em espanhol, saí "de Guatemala a Guatepeor" ou seja, da panela para o fogo. Devo confissar que fiquei sabendo depois, que se tivesse continuado no gaiola até Joaseiro, aí havia estrada boa e pavimentada com ônibus direto a Salvador.

Pois desembarquei do gaiola, mas não sem me despedir do prático amigo, alguns da tripulação, mas, não do Capitão, eu com a mala na mão, a busca deste transporte maravilhoso falado a bordo, desejando já o encontro com a moça em Salvador.

O Imprevisto – A Odisséia da Volta a Salvador da Bahia pelo Sertão

Resultado: em Xique-Xique não houve avião (devia chegar na semana que vinha), nem ônibus, nada. Aí contratei um homem local, espécie de taxista do alto sertão, a me levar no que acabaria sendo o caminho pior de todo o Brasil, até a próxima vila, Irecê, onde, "certamente" poderia pegar ônibus até a cobiçada capital do Estado.

Cheguei cansado, sujo e mau disposto a tudo em Irecê. Azar de novo – o badalado (e prometido) ônibus já saíra para o leste. Aí começou uma pequena aventura que acrescentaria mais "folclore" à esta, a primeira estada no Brasil. O jeito foi pegar "carona" no Rural de dois empregados da Companhia de Navegação (o que faziam em Irecê nunca fiquei sabendo), já com saída marcada para o outro dia. O "hotelzinho" onde fiquei hospedado, esperando a saída, foi o mais pobre e sujo que já conhecera no Brasil. Disseram-me (e desculpe, ó gente de Irecê) que a vila tinha 5000 habitantes e que era a melhor região de feijão e arroz em todo o Brasil, mas, não cheguei a ver a grandeza da mesma; eu só vi uma rua principal, que estavam em processo de pavimentar, e fora, só caatinga nordestina.

Pois, "arrancamos". As primeiras duas horas viajei na parte de atrás do Rural, sem banco, sujo, quente, lugar que rapidamente se encheu da poeira da corrida louca e veloz do rapaz da Companhia que dirigia. A estrada era de barro e buraco, o caminho impossível e eu agora coberto de poeira que nem Sônia Braga – Gabriela – quando Nacib a encontrou na feira em "Gabriela, Cravo e Canela". Já estava acostumado ao jeito de muitos brasileiros a dirigir, inclusive motoristas de táxi da "Escola" de Emerson Fittipaldi de São Paulo, e muitos motoristas de ônibus tentando bater record no aterro do Rio de Janeiro. Mas, este senhor venceu todos.

Tinha eu uma "companheira de viagem", surpresa para mim, na parte traseira do Rural – uma cabocla "genuína" de Iboitirama, moça ou senhora, não pude saber pela poeira e sujeira cobrindo ela também. Na primeira oportunidade saltou do Rural, assustada, acho, o mais na vida. Nunca fiquei sabendo com certeza, mas, me contaram que tudo foi um "teste", para saber se o gringo fosse "mole" ou não, porque, pouco depois, me deixaram acompanhá-los no banco de frente, já feito "gente". Realmente, acabamos a viagem amigos, e, acho, respeitando-se mutuamente. A seguinte viagem foi uma parada constante de farra – cerveja, conhaque e mulher! (Conheciam bem todos os "pontos" importantes). Isso, até Miguel Calmon. A verdade – não teria agüentado se não fosse pelo álcool a "suavizar" o teste!

Mas, já "companheiro de viagem", pude apreciar a paisagem clássica do interior Bahiano – primeiro a caatinga com cabras, gado zebu, muita gente passeunte caminhando à beira da estrada, até uns de bicicleta, outros de burro. Passamos e vimos passar muitos caminhões com gente que nem formiga caminhando em cima do cargo. Uma vez, paramos para dar carona a uma moça que me parecia ter uns quinze anos, ela com duas crianças pequenas ao colo, todos esfarrapados. Nunca esquecerei a cara daquela moça -mãe: olhos pretos que nem carvão, magra, a imagem da miséria. Não consegui me comunicar em absoluto com ela, isso ou pelo sotaque ou maneira de falar dela, ou pelo fato simples de ser eu gringo. Para mim, conhecedor de todo o grande "ciclo" de cordel das secas, dos retirantes ou refugiados da mesma, ela foi a "imagem" desta realidade triste no Brasil.

Ao chegar a Miguel Calmon, meus "cicerones" me falaram de uma serra aí perto com "a melhor água" em todo o Brasil – uma água de cor meio marron, e, pensei, experimentando a mesma, se estas são minhas últimas palavras, vai querer dizer que houve ainda outro "truque" no gringo. Mas, Miguel Calmon era bonita, a imagem da prosperidade em comparação ao que já vira desde Xique-Xique. Verde, com muitas pracinhas, casas com jardins cheias de flores.

Aí, passamos pela "zona diamantina" da Bahia, rica de minerais, mas, segundo os amigos, "explotada" principalmente por firmas extrangeiras. (Também aqui houve a conversa constante, já nada de novo, de um Brasil riquíssimo, da grande potência hidroelétrica, mas com a falta de recursos para desenvolve-la, da pobreza do mesmo Brasil rico, e, do amor pelo Brasileiro do meu herói já morto, o Presidente John F. Kennedy.) Pois, depois de sair de Miguel Calmon às 11 horas da manhã (as 8 foi a hora marcada), passamos por Jacobina, o centro naquele então da mineração de ouro na Bahia. Aí, o Rural (veículo tão badalado e querido no interior) deu prego, e, depois de uma espera, fomos "puxados" por um grande caminhão as seis últimas horas até Feira de Santana, eu, já como o pessoal que vira nos caminhões, sentado em cima da carga do grande caminhão. Senti-me como Dom Quixote, machucado pelas más aventuras, levado de volta à casa no "burrico" de um vizinho. Aí, em Feira, peguei um ônibus pinga-pinga para a chegada final a Salvador.

Salvador me pareceu um paraíso em comparação ao visto – o reencontro com a namorada e muito turismo: a orla com suas praias lindas, o mar tão belo já tão conhecido de tempos de antes, praia e Farol da Barra, a cidade baixa com o Mercado Modelo, show de Maculelê, dançando e namorando no Boite Anjo Azu, almoçando no Restaurante Paris, a capoeira, o Restaurante do Teatro de Vila Velha, o Club Cloc, o Pelourinho, e dias depois a saída.

Epílogo do São Francisco

Foi a viagem, já repensando tudo, mais pitoresca e talvez, mais interessante de toda a estada primeira no Brasil. A paisagem era relativamente linda, nada espetacular, aparte da beleza do rio com seus amanheceres e postos de sol, (as vistas da Bahia de Salvador e claro do Rio de Janeiro superavam isso), mas a experiência do gaiola, o vapor de rodas, neste rio tão histórico para todo o Brasil, junto com o elenco de Brasileiros – elenco único até o momento, foi grande. Em fim, tive o sentimento de estar "no berço" da terra de "Grande Sertão:Veredas" do mestre João Guimarães Rosa, e, em viagem de vapor de rodas. Sempre pensei que devia ter sido algo assim viajar no mesmo no meio do Mississippi no Século XIX com as lembranças dos contos de Mark Twain, i.e. "Life on the Mississippi." Uma experiência única, memorável, e agora, parte da história do Brasil. O barco de turismo de hoje em dia, como dizem as pessoas idosas, "não é o mesmo". Eu me sinto como se tivesse vivido um pouco da história brasileira.

A Volta ao Recife e Pontos Alheios

Depois desses dias lindos de descanso e turismo, matando muita saudade em Salvador da Bahia, me despedí da amiga, ela voltando à vida de Voluntária da Pátria no Grande Rio e eu, a uma estada final no Nordeste. Ao chegar mais uma vez na "terra do cordel", me dei conta que faltava ainda uma área de possível coletânea, a Bacia Amazônica, onde havia uma imprensa importante de variante do cordel, dos anos 30, em Belém do Pará, e, logo, possíveis poetas e vendedores no próprio Estado de Amazonas em Manaus. Daí pedí mais verba da Comissão Fulbright, dinheiro que me foi concedido, mas, em quantidade modesta, e programei a viagem.

CAPÍTULO VI.
VIAGEM A BELÉM, MANAUS E A VOLTA AO RECIFE

Aventuras no Ar

Pois, esta viagem, mesmo que não resultasse ser grande coisa para a pesquisa do cordel, foi mais uma aventura pitoresca no Grande Brasil. Saímos do Aeroporto dos Guarapes no Recife em um avião Curtis 46 (versão militar do velho DC- 3), tarifa 3, a única tarifa que havia, vendo os recursos modestos que me ficavam. A linha foi a velha Varig. A primeira escala foi em Fortaleza onde o avião enguiçou, mas, depois de uma certa espera, decolamos já para São Luís, Maranhão, onde esta vez, o "velho catre" ficou no chão definitivamente. É que tínhamos tentado decolar de São Luís, chegando a esquentar os motores no fim da pista de decolagem, mas, aí chegou a decisão de voltarmos ao ponto de embarque.

DC-3 da Paraense, Belém do Pará

Aí trocamos de avião, já um DC–3 da Paraense, sem problemas maiores, chegamos bem a Belém no fim da tarde. Desde o ar, tudo novo para mim, fiquei muito impressionado pela floresta densa, que podia ser vista pouco depois de decolar de São Luís. Esta foi a tão famosa "floresta amazonense" tão sonhada por mim em leituras acadêmicas. Voamos em uma altitude bastante baixa (o único jeito para o velho DC- 3), o resultado sendo uma vista maravilhosa da floresta. Não parecia haver áreas vazias nenhumas – tudo era floresta. E, à primeira vista, Belém parecia linda, com avenidas avoreadas no centro, mas com muita humidade e muito calor.

Belém Querendo ou Não

Aí começava uma série de eventos interessantes; não me lembro bem da seqüencia exata, mas, conto-a de maneira "impressionista" tal como me vem à mente agora. Fui visitar um tal de Bertrand Brilland, diretor de CARITAS e a distribuição de comestíveis na região por esta instituição internacional Católica. A conversa foi interessante e reveladora em quanto aos problemas de CARITAS a atuar-se na região, e, mais importante, a situação total na região. A função principal de CARITAS, era a distribuição da "Comida para a Paz", a distribuição de sementes, e dar instrução de saúde e higiene, principalmente em Amapá. Bertrand falou de problemas com os missionários protestantes, as "serpentinas" à beira da nova Estrada Brasília-Belém e sua acusação que os Padres Capuchinos estivessem vendendo os comestíveis da "Comida para a Paz". Falou das manifestações de estudantes da esquerda, a queima da bandeira dos EUA, de pedras tiradas no prédio do USIS (United States Information Service), e a sua impressão que o sentimento predominate na área foi quase totalmente anti-US. O senhor Bertrand estava bastante preocupado pelo mesmo porque ele via o bem que faziam as firmas extrangeiras no Brasil no momento, firmas "de conciência", "firmas boas". Segundo ele, a propaganda da esquerda destruía muito da boa vontade de tais firmas. Falou, de passagem, que os Indios Tapajós e Mundurucu hoje estavam totalmente espalhados na floresta amazonense, já dezimadas pela pobreza e a doença.

Aí, apesar de aproveitar muito a conversação, saí com pressa, precisando passar pela agência da linha aêrea para confirmar a passagem para Manaus no outro dia. Saindo da casa de Bertrand, com pressa para pegar um táxi único que vi rodando na rua, não me dei conta que as ruas pavimentadas de Belém só eram pavimentadas até meio-metro da calçada. Daí, entrando na rua com rapidez, vendo uma velhinha no outro lado da rua, com certeza, querendo acenar para aquele táxi que eu cobiçava, caí em um buraco, torcendo seriamente o tornozelo. Sentado aí no chão, pensei com os botões que certamente tinha quebrado o mesmo, isso pela dor incrível que sentia. Um bom samaritano passeunte me ajudou, me dirigindo a um Pronto Socorro na vizinhança. O médico tratou o tornozelo, mas, recomendando me cuidar muito, e, não pôr muito peso no mesmo. O resultado foi "férias forçadas" em Belém.

O Famoso Mercado do Ver-O-Peso, Belém do Pará

Tentando aproveitar o que pudesse da situação, no outro dia manquei até o cais de Belém para ver o famoso Mercado o "Ver-o-Peso". Apesar do tornozelo, acabei vendo o mercado mais fascinante que tinha vista até aquele ponto no Brasil (e há de lembrar que conhecia bem os mercados e feiras mais famosos no Nordeste e também a Feira Nordestina no Rio). Vi o cais com os grandes cargueiros de alto mar e também de navegação no Rio Pará e logo o Amazonas, um cais fervendo de atividade.

Carregando Gelo no Barcos de Pesca, o Cais de Belém do Pará

Lá havia uma pletora de barcos de pesca e carga, e uma "formigueira" de atividade de homens cargando e descargando os mesmos. Vi os grandes blocos de gelo que homenzinhos sem sapatos ou outra proteção nos pés puxavam do cais para dentro dos barcos (coisa interessante para mim que tinha trabalhado em fábrica de gelo em Abilene, Kansas, durante a juventude, fábrica onde trabalharam antes o pai e seu famoso filho – os Eisenhower).

No Ver-o-Peso mesmo vi uma variedade tremenda de peixe, montes de carangrejos em cestas, cerâmica, e, telhas. Os vendedores ficavam com seus grandes machetes, cortando o peixe para vender logo. Mas, afora, também a atividade fervia: havia barracas de toda espécie de legumes, ervas, farinha, e, feijão. E peles de cobra. Uma coisa me estranhou – tudo parecia ser controlado por gente japonesa (ignorância minha – descobri depois, pelo cordel, da grande colônia de japoneses na região, inclusive, o preconceito para com eles pela comunidade "brasileira" durante a Segunda Guerra Mundial). Quase nenhum "brasileiro" mandava nas barracas. Mas, abrindo bem os olhos, vi na multidão a mixtura maior de raça que já tinha visto no Brasil – portugueses, extrangeiros, mestiços de todas as cores, índios, negros e os já mencionados japoneses. Lembraria esta cena anos depois ao ler e estudar do "mosaico brasileiro" e ver o mesmo comentado em filmes documentais.

Ainda não falei que o Ver-o-Peso tinha tremenda quantidade de pássaros, canários, papagaios, araras, macacos, e até capibaras, assim como tanques de peixe tropical colorido. As lojas de turismo em Belém e também Manaus eram muito diferentes das mesmas no Nordeste, isso pela abundância, naturalmente, de artigos de pele de cobra, de jacaré, de borboleta, tudo nativo à floresta. Inclusive vendiam-se o chaveiro de cabeça de piranha e outras "bugigangas" locais.

Dentro do Mercado, conheci e bati papo com dois vendedores de literatura de cordel da região. O primeiro foi Raimundo Oliveira, ativo no mercado havia anos, vendedor dos romances da Tipografia São Francisco de Juazeiro do Norte, de José Bernardo da Silva, homem de um braço só, pessoa muito amável. Falou da Editora Prelúdio de São Paulo e sua "infiltração" no mercado de cordel, até com vendedores em Manaus. Não quis que o retratasse, e tampouco quis assinar folhetos de sua autoria que comprei.

Na praça fora do Ver-o-Peso, havia outro vendedor de folhetos, com poemas de autores "locais", seja, da região, Cunha Neto e S. Simião, o ultimo nativo de São Luís do Maranhão, agora residente de Belém. Simião não estava presente, mas em viagem de barco a Santarém a vender folhetos. Nesta época, não estava muito bem preparado eu sobre a história do cordel local, e nem sabia muito da importantíssima Editora Guajarina, uma das mais importantes no Brasil nos anos 1930 e 1940, coisa que apreciaria muito mais em anos depois pelo contato e amizade com Vicente Salles, o escritor de mais autoridade sobre o assunto. Mas, com certeza, só ficava material da Guajarina original em acervos particulares porque a prensa, havia muitos anos, deixava de fazer cordel.

Pois, o cais de Belém estava literalmente repleto de grandes barcos, cargueiros da SWAPP, e menores, entre eles barcos de vela parecidos com os famosos saveiros de Salvador e o Recôncavo Bahiano. Também muitos barcos a diesel. O Rio Pará era extremamente ancho, e havia muitas ilhas vistas na distância. (Vê-se bem melhor desde o ar: a água que parecia lago mas realmente era o Rio Pará, uma grande ilha, e na distância, no outro lado dela o próprio Rio Amazonas.)

Na próxima manhã, conheci Richard e Susan, Voluntários da Pátria dos EUA, do Estado de São Paulo, em viagem de turismo para conhecer o Norte. Souberam de um piloto de barco pequeno de turismo que ofereceu, por um bom preço, levá-los a conhecer rios da região; pois, juntei-me a eles para o passeio. Para chegar aonde estava o barco, pegamos um ônibus local, passando por um tipo de bairro ribeirinho que só tinha visto eu antes em filmes – casas pobres em estacas em cima da água, tudo de muita pobreza. Notei rapazes no ônibus com "chapéu" feito da metade de uma bola de futbol, reminiscência da mania nacional.

Pois, aí chegamos ao "Amazon Queen" de um tal de senhor Pickerel, barco, claro, parecendo não pouco ao "African Queen" do filme de Bogart e Hepburn. Saindo da área do pequeno cais e passando por toda sorte de barcos de vela e motor, uns destes servindo também de casa, entramos no Rio Pará, logo passando pelo Rio Gumá e tributários do Cumdú. Segundo o anfitrião e piloto, Míster Pickeral, a totalidade de águas dos tributários era igual, em tamanho ao Amazonas. Segundo ele, quinze rios pequenos se convergem neste ponto, e do ponto de converge, a Ilha de Marajó fica uns 50 kilômetros de distância.

Casa nas Estacas em um Rio Pequeno fora de Belém do Pará

Havia muitos barcos de pesca, de todas formas, mas, aí quando entramos o Rio Guamá, o rio se fechou bastante, sendo agora uma faixa estreita (perdõe o gringo, até parecendo-me ao famoso "Jungle Cruise" da Disneilândia, idéia não tão idiota – o Disney pesquisou muito antes de fazer sua maravilha). De repente, a floresta fechou, já muito muito densa com toda maneira de árvore – desde os coqueiros ubícuos até as gigantescas "árvore guarda-chuva" de tanta fama na região, árvores que ficam como torres em cima do resto da floresta. A mata era também densa, com vinhas, capim, uma verdadeira "muralha" de vegetação. Muito abundantes eram as clareias com casebres de pau, pirogas, e pequenos barcos de remar (remados com um pau longo). Havia muitas crianças nas clareiras, todos se acenando para nosso barco, vestidos pobremente ou mesmo sem roupa. Vi mulheres dentro dos casebres, espiando pelos buracos que serviam de janelas, parecendo se esconder da gente. Havia muitas pirogas e redes de pesca estendidas entre as árvores coqueiros. Muitas árvores estendiam as ramas sobre a água, e, os rapazinhos subiram as mesmas para logo pular na água escura. Vimos os "peixes de quatro olhos" nadando na superfície, rouxinois negros e amarelos, e as famosas borboletas azuis da região. Em um momento determinado entramos um canal muito estreito, quase sem luz do sol, o solo molhido; o pilioto disse que a maré sobe até aqui. Havia árvores gigantescas, grandes moscas, árvores de cacao (importadas estas à região), e árvores de borracha. Fim de contas - senti agora que começava a conhecer, pelo menos, um pouco, a região amazônica.

Na volta passamos por uma fábrica de colchões que usa como material prima folhas de palmeiras, e logo, na entrada a Belém, o Yate Club, e ainda depois, fileiras de casas em estacas.

Aquela noite jantamos no conhecido "Club Militar" à beira do rio, cenário lindo e famoso o restaurante pelo "pato no tucupi".

Na outra manhã fui visitar o conhecido Museo Goeldi com seus jardins de floresta e zoológico ao lado, este com toda sorte de pássaro tropical e uns não tropicais – urubú, corisco, raptores, papagaios, garças, e, os bichos obrigatórios – jacarés e jibóias. O Museo é importante pela cultura indígena da região, com amostras de cerâmica da tribo Marajó, acreditado ser a única tribo "avançada e de 'alta cultura' do Brasil" (palavras nas etiquetas próprias do Museo), possivelmente "migrantes" de lá em cima (Rio Solimões, Ecuador). Não me atrevo a opinar. Mas, seus jardins e floresta eram lindos, com um ar e uma brisa mais refrescantes que o resto do Belém que já me parecia uma furna. A verdade é que o calor de Belém não chega aqueles extremos de deserto de aréia no África, nem no Arizona; esperava eu um calor dos mil demônios por estar perto do Ecuador. Mas, se se mete um pouco ao sol, a gente fica totalmente abatida. Acho que o mesmo explica a vida mais devagar, e o descanso obrigatório pela tarde.

Um aparte – fui mais uma vez ao cais e ao rio onde houve um campeonato de natação em pleno progresso – nadar de um lado do Rio Pará ao outro e voltar. Ganhou um japonês, uma distância incrível.

Mais Aventuras no Ar e a Chegada a Manaus

Já um pouco melhor de "tornozuelo", não agüentando mais estar em Belém, quis prosseguir a viagem. Nestes parágrafos de turismo, ainda não contei das chamadas à agência das linhas aêreas, tentando arranjar uma continuação da viagem. Pois, estive com raiva das linha aêreas e farto de viajar de terceira classe. Mas, não havia outro jeito. Interessa talvez um resumo dos detalhes dos dias recentes passados de espera e o "itinerário" passado àquele ponto. Uma pequena odisséia de turismo pelo gringo no Norte do Brasil naquele ano de 1967:

1. O começo da viagem foi em uma sexta-feira no Recife mas logo os passageiros foram embarcados e desembarcados em Fortaleza, primeira escala depois de sair do Recife. C - 46 da Varig.

2. O C – 46 deu prego em Maranhão, uma hora de espera, e a Paraense veio a "resgatar-nos", levando-nos de tarde a Belém do Pará. DC-3.

3. Acidente danando o "tornozuelo" causando a perda do vôo da Varig no sábado passado a Manaus.

4. Um esforço de trocar de planos para pegar a Vaspe para um vôo de domingo, às 11, para Manaus.

5. O vôo das 11 anunciado como "atrasado", agora programado para as 2 da tarde.

6. O mesmo vôo anunciado como "atrasado" para as 3 da tarde.

7. O mesmo vôo anunciado como "atrasado" para as 7 da tarde.

8. O mesmo vôo cancelado.

9. Já na segunda-feira, o gringo ficou feliz com bilhete para um vôo da Paraense para Manaus: o avião DC-4 estava na pista, motores "se esquentando", de repente houve a chamada para uma volta ao ponto de embarque. Espera longa. Finalmente, decolamos para a sonhada e fabulosa Manaus.*

(O asterisco * só representa a "ida"; haverá outras coisas na "volta.")

DC – 4 e Tempestade em Cima do Rio Amazonas

VALEU A PENA. Pois, posso dizer que tudo "valeu a pena". Uma grande recompensa de viajar na tarifa #3 naqueles dias foi a necessiade de voar em uma relativamente baixa altura. Em baixo do DC--4 de quarto motores hélice avistava-se a grande região amazônica – rio tras rio, a trajetória seguindo ligeiramente o Rio Amazonas; viam-se tributários do Rio, terra alagada, tudo parecendo um grande pantanal. A floresta era densa com poucas clareiras ou sinais de atividade humana. Ademais, era época de chuva, altas águas, grandes nuvens na distância, o avião dobrando à direita, depois à esquerda, saindo as vezes do roteiro planejado para evitar as maiores tempestades de água, e os passageiros de cinturão fechado, tentando não enjoar-se.

Houve uma parada em Santarém, à beira do Rio Tapajós que me parecia muito escuro, quase negro, as águas não se misturando com a água cor de café com leite do grande Amazonas.

Barco de Pesquisa dos EUA no Cais de Manaus

Um aparte – havia a bordo uns "cientistas" Norteamericanos que levavam peixezinhos em sacos de plástico com água, espécies que tinham pegado cerca de Belém e levavam para a análise pelos instrumentos a bordo do barco de investigação atracado no porto de Manaus.

Encontro das Águas, o Rio Negro e o Rio Solimões

Em um ponto, já perto de Manaus, vimos desde o ar a confluência do Rio Solimões com o Rio Negro que vinha desde em cima (o famoso "encontro das águas" no jargão turístico brasileiro, "encontro" que vi desde muito mais alto em um jato, já de volta aos EUA). A água que parecia quase Coca-Cola do Rio Negro em contraste com a água lamacenta, quase amarela do Solimões, isso antes da corrida do grande Amazonas ao mar, quase mil milhas ao leste.

Andanças em Manaus

Chegando em Manaus, peguei um Kombi ("van" da Volkswagen) até o centro da cidade. No aêroporto internacional de Manaus ao lado de nosso "calhambeque" DC - 4 havia os jatos mais modernos internacionais, tarifa #1! Uma coisa boa ainda dos anos 1960 foi o transporte gratúito da linha aêrea até o hotel, coisa que já passou com o "progresso" no Brasil.

Fiquei hospedado na "Pensão Garrido" onde logo conheci um Boliviano (a gente pensa em "Emperador do Acre" de Márcio Souza) que ganha o pão pelo contrabando internacional. Jantamos em um café perto do cais que me fez lembrar da cena de "Our Man in Rio" com Jean Paul Belmondo, um café que podia caber bem nos filmes de Humphrey Bogart. O Boliviano falou da grande novidade, que dentro em pouco Manaus seria "porto livre" que certamente traria o crescimento tanto da população quanto da importância monetária para o Brasil (coisa que sim veio a ser).

O Cais e o Rio

Mercado de Frutas, Cais de Manaus

No outro dia fiz a primeira visita ao grande mercado no cais de Manaus, uma experiência! Muito pitoresco com sabor regional, a parte exterior era a mais interessante – são as "sobras" do Mercado Principal (belo prédio de ferro inspirado na arquitetura francesa vista na Torre Eieffel e o Elevador Santa Isabel em Lisboa). Pois o mercado de fora está feito de grandes tábuas estendidas para dentro do Rio Negro. Barquinhos pequenos estão sendo descarregados de legumes, frutas, galinhas, juta e o tal, a maior parte dos barcos a motor. Os fregueses caminham (com cuidado) nas tábuas and fazem as compras, indo de um barquinho a outro, de terra à água e de volta. Montes grandes havia de banana, abacaxi (a fofoca era que havia aranhas tarântulas por aí). Dizem-me que estes produtos vêm de granjas ou até roças pequenas à beira do grande rio. É difícil descrever a atmósfera do lugar, mas, foi exatamente como o tinha imaginado – uma civilização e uma economia construídas e baseadas no rio.

O tráfego no rio era ativíssimo, muito mais do que no Pará em Belém, e um mundo aparte do que agora me parecia o tráfego pouco do Rio São Francisco já visto. Fazia um calor medonho neste mercado ao ar aberto, especialmente quando saía o sol, tudo muito sujo, e ninguém com pressa pelo mesmo calor.

Barcos de Passageiros, o Cais de Manaus

Em outra parte do cais, era diferente, agora com o tráfego mesmo comercial dos barcos de transporte clássicos de Amazonas. Estes barcos, geralmente a motor diesel, de dois andares, são os "táxis marítimos" do Rio Negro e do Solimões (o que virá "Amazonas" depois do encontro das águas). Pareciam muito aos "gaiolas" do São Francisco com seus camarotes no andar alto, redes armadas e espaço para o frete em baixo; mas diferentes porque eram de motor diesel e não a vapor de roda. Repletos de passageiros, havia toda sorte de atividade, muita gente vendendo e negociando. Ao longo do cais notei um número grande de mendigos, muitos aleijados de uma forma u outra, muita gente pobre vendendo limões ou banana em pequenas quantidades tentando ganhar uns vinténs. E, nunca me encontrei antes no Brasil com a quantidade e variedade de "bichos" – formigas, moscas, e um inseto preto quase invisível que levava uma mordida terrível.

Mas, a área era impressionante pelo tamanho e a atividade - fileiras de barcos comerciais passageiros atracados ao cais, barcos de cargo se prontando para a saída com gente que vinha para o dia de feira em Manaus, outros indo a distância larga a um semfim de povoados rio em cima e abaixo, fora de Manaus. Não conheço o Oriente com suas grandes cidades fluviais, mas, Manaus me parecia ser uma cultura baseada nas águas do rios, e a água, naquele então, a fonte principal de transporte na região, pelo menos para o grande povão.

Folheteiros a Beira do Rio

Vendedor de Cordel, o Cais de Manaus

Em frente do cais achei o que esperei achar – um vendedor de romances e folhetos de cordel, tudo estendido em uma mesinha de tábuas de madeira. O estoque foi de Juazeiro do Norte, da folhetaria de José Bernardo da Silva, os romances clássicos do Nordeste. Acontece que o vendedor comprara seu estoque de um revendedor que mora em Fortaleza a maior parte do ano e vem a Manaus uma vez ao ano. Também havia bancas com folhetos da Prelúdio de São Paulo. Mas, não achei poetas ou tipografia locais.

O Centro e a Casa da Ópera

Depois, caminhei pelo centro de Manaus, muito movimentado com lojas de aparatos elétricos, moderno e chamativo como o comércio, digamos, do centro do Recife, mas com um sabor amazonense. A meiados dos anos 1960, Manaus tinha uns 200.000 habitantes e só começava o crescimento fenomenal que anos depois aumentaria a população a mais de um milhão, a cidade se convertendo em grande centro manufatureiro até da informática. A lei de "porto livre", fixa para um período de 20 anos, mudaria por completo a velha cidade ribeirinha com sua história colorida da época da borracha, isso além de ser centro comercial de uma grande região geográfica do Brasil. Notei uma infraestrutura básica de ruas asfaltadas em Manaus e Belém que ainda faltavam nas cidades do interior do Nordeste (pelo menos, ao meu parecer; estudava folclore e não o desenvolvimento econômio ou politico).

As lojas ao ar aberto, os vendedores paquerando com a meninada que passava, muita loja de eletrodoméstico – frigadeiras, toca-discos, toca-fitas (o CD nem o computador não tinham chegado ainda nesta época), relógio, e outras bugigangas elétricas. E, o principal, o barulho tremendo do "movimento" de alto-faltantes berrando as últimas músicas à moda, entre elas, o ubícuo iê-iê-iê.

A Casa da Ópera, Manaus

E, logo, fui conhecer o monumento mais famoso da região, a grande Casa da Ópera, ou seja, o Teatro Amazonas de Manaus, de fama nacional e internacional desde a época de grandeza e riqueza dos donos da borracha. Tinha um interior fenomenal de decoração e móveis italianos, ingleses, franceses – tapacerias, móveis, murais, o chão de mármol de Portugal, isso quando não era chão de jacarandá local de várias cores. Contam que custou de 12 a 14 milhares de "contos de rei" na época, hoje em dia se convertendo em várias centenas de milhões de cruzeiros da moeda inflada do Brasil dos anos 1960. O exterior era também impressivo – branco e cor de rosa com uma cúpola gigantesca de mosaico, uma praça linda e impressionante em frente, com as calçadas também de mosaico. Notei que as cadeiras na platéia do teatro eram de estilo colonial, as cadeiras empalhadas como os móveis já conhecidos nas casas coloniais do Nordeste (me vem à tona a casa colonial de telhas e azulejos do amigo e escritor Ariano Suassuna em Casa Forte no Recife, ou ainda, a casa grande da família de José Lins do Rego). Anos depois voltaria ao mesmo Teatro Amazonas, agora apreciando ainda mais este fenômeno do século XIX, feito, dizem, com a mão de obra de semi-escravos indígenas da região.

O Zoológico e a Preguiça

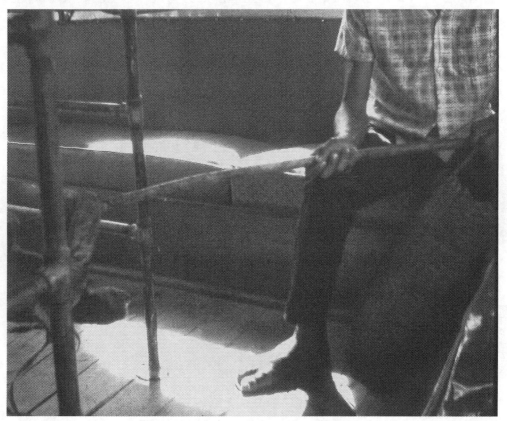

Preguíca no ônibus, Manaus

Outro passeio foi ao "famoso" Parque 10 de Novembro (não lembro a importância da data), o zoológico de Manaus, uma decepção, mas, talvez explicável. Lugar de piqniques e de natação (na água preta, cor de Coca-Cola saindo do Rio Negro), e o que pareciam, animais magros quase morrendo do descuido. O ponto alto do passeio ao zoológico aconteceu em um dos ônibus mais pitorescos já vistos no Brasil – feito a maior parte de madeira, exceto, claro, as peças imprescindíveis de ferro. A parte lateral, o chão, e o teto do ônibus eram de madeira, isso, me dizem, para agüentar a ferrugem do clima fluvial de Manaus. Sentado à toa, vendo o mundo ao redor, de repente vi subir um homem com um animal estranho se colgando pé para cima – era uma preguiça, a qual, imagino, isenta de pagar passagem.

Aquela tarde, eu à toa, ficava vendo, cheirando e mesmo me incorporando um pouco, mais uma vez, no ambiente do mercado do cais, vendo especialmente o tráfego do rio. Um barco trazia só pele de jacaré. Ainda havia uma espécie de "cidade flutuante", lembrando a famosa já vítima mais de uma vez de incêndio, uns dizem a propósito pela prefeitura para acabar com a desgraça. Era notória pela sujeira, prostituição e drogas (aparecendo no filme já falado de "Our Man in Rio", filme jóia que hoje fica como documentário da época no Brasil, também pelas cenas de uma Brasília em infância). Contam-me que os habitantes já acostumados às queimas, se mudam ao interior ou a casas outras construídas pela prefeitura como "solução" ao problema, política parecida àquela do Rio de Janeiro na mesma época com a queima de favelas e a mudança de "vítimas" à Baixada Fluminense.

Cargueiro de Alto Mar, o Cais de Manaus

Agora bem, o cais "oficial" onde atracam os grande cargueiros de mar alto, era um fenômeno, boiando em pontões e de muita largueza, construção necessária para agüentar a subida e descida das águas durante épocas de chuva ou sequia, mudança me falaram de até 70 pés na altura do rio. Tinha que acomodar tanto os transatlânticos (e isso antes da época dos cruzeiros de turismo de hoje em dia), os grandes cargueiros, e o comércio local ribeirinho. Vi grandes caminhões se descargando noz de cajú diretamente nos cargueiros, um dos barcos, me diziam, com destino à Alemanha. Impressionante foi dar-se conta que estávamos a uma distância de quase mil milhas da desembocura do Amazonas ao Mar Atlântico, e estes grandes barcos estavam aqui, como no meio da floresta. O dia acabou com um posto de sol lindo, vendo ao atardecer o tráfego dos barcos no rio, já com luzes ou lanternas acesas, cena inesquecível para o gringo pesquisador. Cena misteriosa, exótica e romântica – lembrando-me da descrição romântica de Jorge Amado tantas vezes de sua cidade "misteriosa" de Salvador da Bahia.

Ambiente de Contrabando e Mais

Aquela noite, jantei mais uma vez no restaurante perto do cais, lugar de aventureiros, contrabandistas, refúgios politicos, e, com moças de duvidoso caráter social. Um homem na próxima mesa com uma cicatriz ao longo da cara devia ter estórias para contar. A gente tomava cerveja com o conhecido boliviano que contou estórias interessantes da época – da viagem gratuíta patroncinada pelo Partido Comunista Boliviano à União Soviética, passagem aêrea e três meses de hospedagem pagas. Ele via a oferta excelente para os Bolivianos pobres a ver o mundo, oportunidade que nunca existiria em outra parte. Mas, disse que não "tinha política", e, que seria boa idéia mandar todos os Comunistas em Bolívia a Rússia por seis meses, isso para conhecer o país e sistema socialistas mesmos, e aí, decidirem se quiserem uma Bolivia marxista. Pois acabou o papo e a noite, e voltei milagrosamente sem ser assaltado à pensão, pronto para o ultimo passeio, e não o menos interessante, nesta a minha primeira odisséia no Brasil.

O Barco de Leite

Acordando às 4 horas da manhã, fui ao cais a ser passageiro no "Barco de Leite", maneira excelente e nada turístico de conhecer a região agrícola e ribeirinha perto de Manaus. Iria conhecer não só algo o Rio Negro, mas, também o Solimões (nome do Rio Amazonas do Oeste amazonense até, rio abaixo, depois de Manaus quando se converte no Amazonas), mas também o Paraná e Carreira.

O barco estava equipado com um porão já repleto de gelo, isso para receber as grandes latas de leite a serem recolhidas na rota às fazendas de gado leiteiro da região; em cima havia o tombadilho para passageiros (gente humilde saindo do dia de feira e compras em Manaus, de volta aos seus casebres, à beira rio), e um grande motor diesel. Parecia-se um pouco ao antes descrito "Amazon Queen" de Belém, mas mais grande.

Logo na saída fomos servidos café e pão, os dois excelentes. O capitão é Cearense de Crato (lembrará talvez o leitor de Crato, a cidade "progressista", rival com o Juazeiro do Padre Cícero, o Crato do meu encontro com o folclorista do Cariri, J. de Figueiredo Filho). Saindo o barco, pois, de Manaus, logo entrei em conversa com um fazendeiro, voltando à casa, dono de 800 hectares, uma parte perto de Manaus, mas, a maior parte no "interior". Só tem gado devido ao fato que não tem o capital necessário nem a mão de obra para cultivar seus terrenos. Passa o inverno (época de grandes chuvas, de janeiro a maio) em Manaus e vai para a fazenda só no "verão". Falou, opinando que a nova Zona Franca faria danos aos fazendeiros tradicionais, já que seus produtos entrariam em concorrência com os novos, livre de tarifas de alfândegas, vindos de fora, mas, estava muito entusiasmado pelas novas possibilidades para a indústria local e a maquinária agrícola.

Entramos primeiro, ao Rio Negro, depois no Solimões gigantesco. O rio é extremamente ancho nesta altura, com correnteza forte, agora perigoso devido ao grande número de troncos de árvores vindo de cima nesta época de água alta (abril a maio).

Depois entramos ao Rio Carreira, lugar de grandes fazendas de gado. A terra é extremamente plana, já limpa (o mato já derrubado) por uns kilômetros distantes ao rio, e a maior parte inundada nesta parte do ano. Entramos ao Rio Paraná, um tributário de correnteza forte, agora inundando as ribeiras, e a água sempre subindo. Na época do verão, este tributário, agora tão forte, seca por completo. O canal é muito estreito, e, nos dois lados, à beira do rio, cresce loucamente o capim; é por aqui onde abundam toda espécie de aves "das águas". Vi aves amarelas e brancas, dúzias de garças brancas com as pernas longas e finas de "pau" e bicos largos e finos. Estas caçam insetos e peixes pequenos e se avistam em toda a ribeirinha. Paradas, parecem estátuas de mármore, sua branqura em contraste com o verde brilhante da vegetação da terra. Havia um semfim de variedade de pássaros pequenos também (uma pena que só anos depois me interessaria pelo grande passatempo de "bird watching").

Em uma parada, foi levado a bordo um peixe gigante, acho o lendário pirarucu, de quase 50 quilos. Era evidente que a "missão" do barco, pegar as latas cheias de leite em troca das vazias trazidas de Manaus, podia ser trocada para receber produtos quaisquer da terra. Fiquei desapontado a não ver jacarés; dizem que estes habitam mais os igarapés e riachuelos mais ao interior. À beira rio, havia uma abundância de casas, de vivendas de toda sorte, vistas estas indo e voltando de rios diferentes a Manaus. Além das fazendas grandes de gado, há também na região uma agricultura de subsistência - do que pode ser cultivado na região – mandioca e outros legumes.

As casas todas são de madeira, umas mais finas do que outras, mas geralmente pequenas e simples, muitas na forma simples de um andar térreo. As melhores são pintadas, pelo menos na frente, e geralmente de cores vivas. Os tetos são de palha, mas em uns casos com telhados. A casa é ligada ao rio por uma "calçada" de tábuas, as mesmas "calçadas" ligando a casa a outros prédios pequenos. O "cais" típico é muito rústico, o chão de tábuas com uma pequena "casa" em cima (parecia ao velho "retrete" das granjas velhas do século XIX em Kansas), sustentada por estacas grandes.

O transporte e a comunicação entre estas casas a beira-rio é sempre pela piroga ou pequeno barquinho a motor, estes mais grandes com a capacidade de levar gente ou às vezes, umas cabeças poucas de gado. Todas as casas estão construídas em estacas, um ou dois metros em cima da água, isso devido ao fato que a terra fica inundada em época de águas altas.

Em algumas fazendas havia "currais" longos também em pauzinhos onde guardam o gado, salvo da água e sostenido pelo capim cortado, posto em barcos e levado à fazenda. Vi muitos "currais" assim ao longo dos rios. O mesmo fazendeiro já falado me conta que literalmente milhares de cabeças de gado na região estão perdidas ou por afogar-se ou uma espécie de pneumonia.

O pessoal que vi à beira rio andava pobremente vestido: os homens em shorte com chapéu de palha, as mulheres em vestido de chita, as crianças nuas. Parecia que cada casa onde paramos tinha até uma dúzia de crianças espiando pelas janelas, vendo o barco passar.

Como já comentei, o tráfego na região era impressionante, bem mais do que no Rio São Francisco no sertão de Minas Gerias e a Bahia, e ouve-se o constante "xugue-xugue" dos motores diesel dos barcos que passam. Os barcos seguem o estilo da região, redondos em frente e atrás, tombadilho único, tal como o barco de leite, já descrito.

Voltando ao propósito de nosso barco, o barco de leite, havia paradas em dúzias das fazendas onde trocamos latas, as vezes, não chegando a parar o barco; houve uma troca rápida e de muita destreza pela tripulação, as vezes vaziando a lata cheia de vez e devolvendo na hora ao pessoal da fazenda. Logo o leite foi transferido a latas grandes no porão do barco, latas bem frias devido ao gelo já posto no mesmo. Não notei muito esforço para a limpeza da mesma, mas, certamente o processo de limpeza viria depois, já no porto de Manaus.

Impressão: o gado visto me parecia bem mais gordo e saudável do que aquele gado zebu no sertão nordestino. Havia muito gado zebu nesta viagem também, mas, também outras raças, me parecendo ao tipo "Ayreshire" ou "Guernsey" já conhecidos na minha terra, inclusive o gado leiteiro famoso "Holstein". Mas, me impressionava o terreno tão aberto dos campos de pastoreio, tudo limpo, verde, fértil (e não o mato fechado que esperava em Amazonas), evidentemente terra bastante desenvolvida havia muito tempo.

A viagem de volta foi sem novidades maiores; passamos pela "nova" cidade flutuante, nas aforas de Manaus, com fileiras e fileiras de casas em estacas. E esqueci de mencionar todas as fazendas de juta vistas na rota do Barco de Leite. Ao chegar mais uma vez ao Solimões e logo o Rio Negro, notei as "gasolineiras flutuantes", e as bóias de navegação, e logo, a vista geral do Porto de Manaus.

Em fim, a viagem era excelente, não talvez de grande importância cultural ou histórica, mas, uma "foto" bela de Manaus e suas cercanias no meio dos anos 1960.

A Volta ao Recife, Outros Imprevistos da Aviação Brasileira

Tudo vai bem demais! Que acontece? A Paraense (DC -3) estava programado a sair para Belém do Pará às 6 da manhã. Saímos só uma hora depois, quer dizer, às 7. Estas são as boas. Logo depois de decolar, em rota a Belém, notei fumaça e chaminhas saindo embaixo do motor à direita. Parecia apagar-se ao levantar a roda. Felizmente também o notou o piloto. Aterrizamos em Santarém e seguiu uma cena talvez interessante: mandaram todos os passageiros (o avião era pequeno) sair, isso pela escadinha normal de saída. Logo, todos nós à toa no "tarmac", vi o piloto e perguntei, por simples curiosidade, qual o problema? Estas foram as palavras, acho pouco distorcidas que ouvi (parafraseadas um pouco): "Cara, não sei bem, só sou o piloto. Só dirijo no volante. O mecânico vai descobrir". O que me desconcertava um pouco foi sua aparência – sem farda ou outro sinal de piloto, mas em roupa "civil". Não me "encheu" de confiança.

Pois, pouco depois, decolamos no mesmo avião e chegamos mais uma vez ao meu querido Belém. Aí, bebendo cerveja em um bar, topei com dois Alemães e um Australiano, todos à toa em Belém, tentando arranjar a saída mas sem sorte. Vieram de tripulação de cargueiro, despidos no porto, e sem garantia para outro barco. Hmmm.

Aproveitei da estadinha a conhecer o Teatro da Paz em Belém, lindo, bem visto, mas, nada, francamente em comparação ao Teatro Amazonas.

Estou lendo no jornal local que muitas cidades e povoados em Amazonas agora estão inundados e pedindo apoio federal; o mesmo passa em Ceará (terra de grandes secas) com quase 4000 famílias fora de suas casas. Pelo menos, há um pouco de variedade nas calamidades que este pobre Estado vem sofrendo na história.

De novo, no avião com saída para Fortaleza, final da pista de decolagem, ouviu-se um som tal como "tunk, tunk, tunk", e, aí fomos chamados de novo ao terminal, uma espera de uma hora, e de novo no ar.

Caminho ao Nordeste de Novo. Fortaleza, Jangadas e Pescadores

20 de maio. Já em Fortaleza, por estranho que seja, a primeira vez para mim. Fui ao mercado central onde bati papo com o velho Benedito, agente de cordel fazia muitos anos. Tinha um estoque excelente de todo o Nordeste, principalmente da gráfica de João José da Silva no Recife, Zé Bernardo da Silva em Juazeiro, e Joaquim Batista de Sena da própria Fortaleza. Nesta altura, havia poucos títulos que eu não conhecia, mas, foi bom pegar uns novos. Não cheguei, infelizmente, a conhecer Joaquim Batista, importante naquele mundo de cordel em Fortaleza, mas, teria o prazer uns anos depois no Rio de Janeiro quando visitava o parente Sebastião Nunes Batista.

Mas, fiz o obrigatório em Fortaleza, comprando uma bonita e grande "rede de casal" de renda, um dos produtos prinicipais do artesanato ainda excelente do Ceará (presente para a amiga Voluntária no Rio; me pergunto agora, com quem haveria dormido ela na mesma? Ai, saudades.), o preço 30.000 cruzeiros, não pouco dinheiro na época. Peguei, mais importante para mim, uma bela imagem de madeira do Padre Cícero Romão, belas jangadas de madeira e uns exemplos bonitos de renda do Ceará.

Rapaz Pobre e Jangadas de Pesca, Fortaleza

Pescador de Rede, Fortaleza

Logo fiz uma caminhata, pouco feita acho por turista Americano na época. Caminhata ziguezageando pela praia até chegar a um bairro paupérrimo de pescadores, uma espécie de "favela" a beira-mar. Casas de taipa, uma sujeira deplorável, algo realmente triste para mim, mas muito "folclórico". Havia uma cena pitoresca com a chegada de várias jangadas de pescadores (e não de filme turístico), mas, chegando mais perto, todos os pescadores e suas famílias viam-se na maior pobreza, em farrapos, e com uma pesca pobre e pequena. As velas das jangadas só remendadas. Mas, houve um momento realmente bonito – observei durante muito tempo a um velho – realmente mestre de seu ofício – lançar uma grande rede redonda às ondas, vez traz vez traz vez. Pegou pouco.

Mas, além de uma visita ao Teatro José de Alencar, assim acabou a estada breve em Fortaleza e cheguei logo ao querido Recife, pronto a passar meus últimos dias no Brasil.

A viagem ao Pará e Amazonas, acho modestamente, foi muito útil não só à pesquisa, mas, a completar (o mais possível naquele então) a "missão" de conhecer e apreciar o Brasil. Ainda ficava muito a descobrir, prinicipalmente São Paulo e o Sul, mas, isso viria só em outros estágios e outros anos.

Os Dias Finais, à Toa no Recife, Mais uma Vez o Xangô, Saudades de Casa e o Fim da Viagem

A verdade, a maior parte do trabalho de pesquisador de cordel pela Fulbright já estava feita. Estava mental e físicamente me preparando para a saída. Passei esses dias finais de maio e começo de junho lendo, assistindo cinema (para matar saudades da terra) e errando pela cidade, a ver lugares ainda desconhecidos. E, já, com outra perspectiva, a cidade me parecia bem mais pequena e "provinciana" do que meses atrás quando cheguei, novato ao Nordeste, do Rio de Janeiro.

Continuaram os protestos de rua, manifestações de estudantes, estas reprimidas pela polícia militar. Em uma, grande, os manifestantes tentaram se refugiar em uma das igrejas principais da cidade, a São Pedro dos Clérigos se não me engano. Mas, os soldados entraram e houve muito espancamento, a lei oficial não respeitada. Depois, havia muito protesto nas páginas dos diários, e muita gente andando cabisbaixo (vamos lembrar e também anticipar as incríveis músicas ao respeito dos anos a virem pelo mestre Chico Buarque de Holanda) Muito falatório negativo em quanto ao governo, sinais ao que viria em outros anos, outras estadas.

Esta vez estava hospedado em pensão diferente, não aquela já falada Chácara das Rosas. Esta nova ainda ficava na Rua do Riachuelo, com uma dona, a dona Carméia, muito simpatica. A fofoca era que a velha Chácara, situada em um imóvel ou seja solo de muito valor, estivesse em processo de ser derrubada, e, em seu lugar, grande prédio de apartamentos surgiria.

A vida social era boa – reuniões com velhos amigos da Chácara – e outros da primeira estada. Houve serenata na praia de Olinda e no Club "Toca do Pajé". Noites com amigas na universidade. Noite no Club Calhambeque, e céia em uma boa churrascaria.

No jornal havia novidades de Brasília – dois deputados com revólveres a disparar-se um no outro no meio de sessão do congresso; problemas no Pará entre indigenas e militares da Força Aêrea.

Ainda uma foto do folclore. O amigo Jaime ficou sabendo de um ritual de iniciação de Xangô em um bairro distante do Recife, coisa ainda não experimentada por mim. O assunto foi um rito de iniciação de uma "filha de santo" no terreiro de "Maria da Aparecida", tudo em homenagem ao santo São Jorge. A gente chegava ao terreiro que ficava em cima de um morro por uma vereda que errava entre árvores. Aí vimos a sala da iniciação: grande com símbolos de Xangô – flechas, arcos e o tal. Primeiro havia os cantos acostumados, incluindo um apelo ao Exú a não estorbar na ceremônia e que aceitasse o sacrifício. Depois chegou a filha, vestida totalmente de branco, sentou-se no chão no meio da sala, a cabeça raspada. As galinhas sacrificadas deram o sangue a ser jorrado em cima da frente da cabeça da menina e depois no corpo todo. As penas da galinha foram tiradas e espalhadas onde houvesse sangue quente e fresco, pegando-se ao mesmo. Depois, tiraram as penas e queimaram-nas, a fumaça devendo purificar a filha. Aí ela ficou sentada, por várias horas, no meio da oferenda de frutas várias, garrafas de cerveja, refrigerantes, e cachaça. Depois, na noite, o "batuque" seria feito.

Acontece que "Maria" é homem, um desses seres não tão raros em tais ritos, mas, mesmo assim, não sendo a regra; tinha unhas larguíssimas, a fala ceceosa, vestido/a em grande blusa branca de renda. Mostrou-nos a sala dos santos onde tinham mais de um altar com as imagens dos orixás (correspondendo a maioria aos santos católicos). Foi nesta sala onde estava feito o sacrifício mesmo, oferecido primeiro ao Exú (travesso e talvez perigoso), e logo a São Jorge. Lembro de altares dedicados a Exú (seu símbolo, o tridente), Iansã (Santa Bárbara), e Oxum (São Jorge com seu símbolo da lança) e Xangô (São João Batista e sua a espada) e a Iemanjá (A Virgem Maria).

Pois, "Maria" ai reinava na tal de blusa branca, calça branca e turbante da mesma cor. A filha iniciada também de branco, os outros de roupa comúm de rua. Havia foguetes lançados antes do sacrifício. Naquela noite haveria noite de culto geral, com cantos e bailes e a oferenda da comida.

Pois, foi interessante, mas, nesta altura da vida, eu ainda não tinha estudado bem as noções do ritual afro-brasileiro. Pensando agora, acho interessante que fosse levado ao mesmo por um bom amigo nordestino, rapaz de ciência e pronto a formar-se de medicina. O amigo, antes totalmente "fechado" a tais coisas de sua terra, agora tinha a mente "aberta" mais à realidade brasileira. Gosto de pensar que fosse talvez minha curiosidade e influência que abrissem um pouco seu mundo. Estou com certeza que, sim, abri a mente de muitos colegas no Nordeste ao mundo da literatura de cordel.

Pois, os dias passaram, em fim, a estada passou, um ano e mais, a despedida foi feita, e, voltei aos pais e irmãos em Kansas, e, logo à faculdade em St. Louis onde lutaria para terminar a tese, tese que realmente me abriria este grande mundo do Brasil, mundo do qual participaria por mais de 43 anos, já professor universitário, e, ainda namorado fervente do meu Brasil.

Se Deus quiser, e com o tempo, acrescentarei ao namoro outro volume de andanças dos anos vindouros no Brasil – estórias a contar!

Sobre O Autor

Mark Curran é professor aposentado da Arizona State University onde lecionou desde 1968 a 2011. Ensinou línguas espanhola e portuguesa e suas culturas respectivas. Pesquisou a literatura popular em versos, ou seja, a "Literatura de Cordel" e publicou muitos artigos para revistas de pesquisa e dez livros sobre o tema no Brasil, na Espanha e nos Estados Unidos. "The Farm," editado em 2010, foi uma mudança para o autobiográfico, lembranças de crescer em uma granja de trigo da família no centro de Kansas nos anos 1940 e 1950. "Coming of Age with the Jesuits" é a crônica de sete anos nas universidades Jesuítas, graduação e pós-graduação, e suas primeiras viagens a América Latina. Agora, "Peripécias de um Pesquisador 'Gringo' no Brasil nos Anos 1960, ou, À Cata do Cordel", é uma crônica de pesquisa, viagens e convivência no Brasil de 1966 a 1967. O tom é informal, de conversa com o leitor.

Livros Publicados:

A Literatura de Cordel. Brasil. 1973.
Jorge Amado e a Literatura de Cordel. Brasil. 1981
A Presença de Rodolfo Coelho Cavalcante na Moderna Literatura de Cordel. Brasil. 1987
La Literatura de Cordel – Antología Bilingüe – Español y Portugués. España. 1990
Cuíca de Santo Amaro Poeta-Repórter da Bahia. Brasil. 1991.
História do Brasil em Cordel. Brasil. 1998
Cuíca de Santo Amaro – Controvérsia no Cordel. Brasil. 2000
Brazil's Folk-Popular Poetry – "a Literatura de Cordel" – a Bilingual Anthology in English and Portuguese. USA. 2010
The Farm – Growing Up in Abilene, Kansas, in the 1940s and the 1950s. USA. 2010
Retrato do Brasil em Cordel. Brasil. 2011
Coming of Age with the Jesuits. USA. 2012
Peripécias de um Pesquisador "Gringo" no Brasil dos Anos 1960, ou, À Cata de Cordel. USA. 2012

Professor Curran mora em Mesa, Arizona, e passa parte do ano em Colorado. É casado com Keah Runshang Curran e têm uma filha, Kathleen, que mora em Flagstaff, Arizona, e faz filmes documentais. Ganhou recentemente o prêmio "Melhor Diretora Feminina" do Festival de Filmes em Oaxaca no México.

E-mail do autor: profmark@asu.edu
Website do autor: www.currancordelconnection.com